Cathleen Henschke

Schritt für Schritt zur schriftlichen Interpretation

Lyrik

Materialien zum Themenbeispiel Glück

Verlag an der Ruhr

Impressum

Titel
Schritt für Schritt zur schriftlichen Interpretation – Lyrik
Materialien zum Themenbeispiel Glück

Autorin
Cathleen Henschke

Titelbildmotive
Kleeblatt: © Ziablik – Fotolia.com
Buchstaben: © reini123 – Fotolia.com

Verlag an der Ruhr
Mülheim an der Ruhr
www.verlagruhr.de

Geeignet für die Klassen 8–13

Unser Beitrag zum Umweltschutz

Wir sind seit 2008 ein ÖKOPROFIT®-Betrieb und setzen uns damit aktiv für den Umweltschutz ein.
Das ÖKOPROFIT®-Projekt unterstützt Betriebe dabei, die Umwelt durch nachhaltiges Wirtschaften
zu entlasten. Unsere Produkte sind grundsätzlich auf chlorfrei gebleichtes und nach Umweltschutz-
standards zertifiziertes Papier gedruckt.

Urheberrechtlicher Hinweis

© Verlag an der Ruhr 2013
ISBN 978-3-8346-2334-8

Printed in Germany

Inhaltsverzeichnis

Vorwort

Eine Schülerin fragte mich einmal mit genervtem Unterton: „Was machen wir denn in Deutsch nächstes Jahr? Müssen wir dann wieder analysieren?" Diese Frage hörte ich nicht das erste Mal. Schon oft habe ich die Erfahrung gemacht, dass Schüler eine unmotivierte Haltung gegenüber dem **Erschließen literarischer Texte** haben.

Das **Schritte-Konzept** dieses Heftes zeigt den Weg, den es vom ersten Lesen bis zur Textüberarbeitung zu beschreiten gilt. Mit Hilfe der Materialien erhalten Sie einen Leitfaden für die Strukturierung der Unterrichtsreihe zum einen und die Gestaltung der einzelnen Stunden zum anderen. So trainieren die Schüler systematisch, ein Gedicht zu interpretieren, und sind damit am Ende der Einheit für die Klassenarbeit oder Klausur gut vorbereitet. Sie können dazu alle Arbeitsblätter des ersten Moduls ohne große Vorbereitung nacheinander, Schritt für Schritt, einsetzen und mit den Materialien des zweiten Moduls an geeigneter Stelle kombinieren.
Darüber hinaus eignen sich die Module auch, um **differenziert** mit der Lerngruppe zu arbeiten: Die Schüler können mit einzelnen Arbeitsblättern Schritte wiederholen, in denen sie noch nicht sicher sind, einige Blätter können vor der Klausur je nach Wiederholungsbedarf zum Üben zur Verfügung gestellt werden. Außerdem können Sie mittels der **editierbaren Vorlagen auf der CD** die Arbeitsblätter nach Ihren Wünschen umgestalten: Sie können sowohl die Aufgaben Ihrer Lerngruppe anpassen als auch die Gedichte und Zeitfenster verändern.

Das Heft beginnt mit den **Planungshinweisen und Lösungen.** Diese sind den Arbeitsblättern vorangestellt und informieren über die Phasenabläufe, die methodische Aufbereitung, über Lösungen und **Alternativ- sowie Reflexionsvorschläge.** Die **Materialien in Modul 1** (Arbeitsblätter, Folien, Arbeitskarten, Infoblätter, Arbeitskarten, Aushänge) bieten dazu ein Fundament für die Gestaltung einer kompletten Unterrichtsreihe, die gekürzt oder mittels **Modul 2** (Ausdrucksmodul) erweitert werden kann. Die Lösungen sind für viele Aufgaben bereits als wichtiger Bestandteil der Sicherungsphase als Folie bzw. Arbeitsblatt präpariert, sodass Ihnen mehr Zeit für die eigentliche Unterrichtsarbeit bleibt.

Die Arbeitsaufträge sind so gestaltet, dass der **Schwierigkeitsgrad** in der Regel steigt und die **Sozialformen** an den Stellen wechseln, wo es sinnvoll erscheint. **Handlungs- und produktionsorientierte Zugänge** werden hergestellt, wenn es sinnvoll ist und der Text es hergibt. Dabei sollen diese Zugänge der textimmanenten Analyse und Interpretation dienlich sein und kein reines gestalterisches Beiwerk bieten. Letztlich sollen die Schüler zur Textinterpretation befähigt werden, ohne dabei der Lehrkraft nach dem Mund zu reden. Die eigene Auseinandersetzung mit dem Text steht im Vordergrund.

Die **ausgewählten Texte** orientieren sich thematisch an den altersspezifischen Interessen und Fragestellungen. Sie sind leicht verständlich, sodass die Jugendlichen einen Zugang dazu finden und nicht bereits am Inhalt scheitern. Die Schüler lernen dabei schon im Rahmen des ersten Schrittes, dass es nicht *das* Gedicht gibt und dass es lyrische Texte in unterschiedlichen Variationen gibt, vom Lied über das klassische Gedicht bis hin zum Slam Poem. Mit dem Konzept verfolge ich zwei Ziele: einerseits den Text als ein erforschenswertes Kunstwerk zu betrachten und andererseits für sich selbst und das eigene Erkenntnisinteresse, hier die Frage **„Was ist Glück?",** nutzbar zu machen.

Literaturunterricht eröffnet somit den Jugendlichen Denkansätze für die persönliche Auseinandersetzung mit Lebensthemen, die sie selbst beschäftigen. Eine Antihaltung gegenüber der Textinterpretation kann damit abgebaut werden, Literatur wird wieder zur kulturellen Bereicherung und Lesen zum Genuss.

Ein Dank gebührt einem Freund, Oliver Kuhnert, der mir mit analytischem Sachverstand zur Seite gestanden hat. Zudem danke ich der Sekundarstufenredaktion des Verlages an der Ruhr für die gute Zusammenarbeit.

Cathleen Henschke

Das Schritte-Konzept und die Module

Die Schrittfolge

Die folgende Treppendarstellung kennzeichnet den Lernweg, den Schüler beschreiten müssen, um das komplexe Vorhaben „Schriftliche Interpretation von Gedichten" umsetzen zu können. Sie zeigt zudem, dass die Schüler dafür Teilkompetenzen erwerben müssen, welche aufeinander aufbauen und in ihrer Reihenfolge nicht austauschbar sind. Beispielsweise nützt es nichts, wenn die Schüler „Interpretationen" verfassen, ohne das Deuten von Textelementen erlernt zu haben. Was im Leben gilt, ist auch hier Gesetz: Man sollte einen Schritt vor den anderen setzen und nicht den zweiten Schritt vor dem ersten tun, sonst besteht die Gefahr, zu stürzen. Mit Hilfe dieser Schritte erarbeiten sich die Schüler nach und nach die Fähigkeit, eine vollständige und fundierte Interpretation zu schreiben.

Die Module

Das erste Modul, **Gedichtinterpretation,** umfasst die oben beschriebene Schrittfolge bis hin zum fertigen Aufsatz und bildet somit den Kern der Unterrichtsreihe.

Das zweite Modul, **Ausdruck verbessern,** ist besonders geeignet für Schüler, die Schwierigkeiten beim Verfassen von Analysen haben. Es umfasst Arbeitsblätter mit Aufgaben zur Verbesserung des Ausdrucks. Dieses Modul sollte deshalb in die letzten Schritte des ersten Moduls, eine schriftliche Gedichtinterpretation verfassen und überarbeiten, eingebaut werden.

Die Kopiervorlagen

Die Kopiervorlagen sind je nach ihrem Einsatz gekennzeichnet:

 steht für eine Vorlage, die Sie auf Folie ziehen und den Schülern über den OHP zeigen können.

 steht für ein Arbeitsblatt, das Sie kopieren und den Schülern austeilen können.

 steht für ein Infoblatt, das Sie den Schülern ebenfalls austeilen können und das allgemeine Arbeitshinweise, Tipps o.Ä. enthält.

Schritt 1

Gedichte kennenlernen

Schritt 2

Einen kreativen Zugang zu Gedichten finden

Schritt 3

Gedichte analysieren und interpretieren

Schritt 4

Eine schriftliche Gedichtinterpretation verfassen

Schritt 5

Eine schriftliche Gedichtinterpretation überarbeiten

1 2 3 4 5

Planungshinweise, Zusatzaufgaben und Lösungen zum Gedichtmodul

Bei der hier konzipierten Unterrichtsreihe geht es zunächst um die textimmanente Erarbeitung. Der Kontext (Biografie des Autors, Entstehungszeit, Umstände der Textentstehung) wird dabei nicht berücksichtigt. Er sollte aber unbedingt einbezogen werden, wenn epochenrelevante Gedichte (z.B. expressionistische Gedichte, Nachkriegsgedichte, romantische Gedichte) ausgewählt werden. So können zeitrelevante Motive und Darstellungsformen in den Unterricht einbezogen werden.

Schritt 1:	Gedichte kennenlernen
Ziel	Mittels der Textimpulse sollen die Schüler zur Auseinandersetzung mit der Frage „Was ist Lyrik?" angeregt werden. Sie erkennen, dass Lyrik viel mehr als ein Volkslied sein kann. Sie untersuchen die Merkmale von lyrischen Texten und erfahren deren Vielfältigkeit nach dem Motto: Vielfalt erkennen und erleben.
Besondere Hinweise	Kopieren Sie die sechs Texte, und heften Sie diese in gleich großen Abständen (die Gruppen dürfen sich nicht behindern) an die Wand (Hausflur oder Klassenzimmer). Ein Kopieren der Stationstexte auf unterschiedlich farbigem Papier hebt den Facettenreichtum an Merkmalen hervor. Für die Video-Station sollte möglichst ein separater Raum (notfalls Etagenflur vor dem Unterrichtsraum) gewählt werden. Das Lied finden Sie u.a. auf YouTube® (www.youtube.com/watch?v=juU_EaqDUqM).

Phase	Material/Arbeitsaufträge/Schüler- und Lehrerantworten
Einstieg	Folie „Was ist Lyrik? – Eine Lyrik-Rallye"
Erarbeitung	Die Schüler bearbeiten die Arbeitsblätter 1–6 (Stationstexte)
Auswertung/Sicherung	**Schülerantworten:** Die unterschiedliche Ausrichtung der Gedichte könnte von den Schülern z.B. durch folgende Merkmale gekennzeichnet werden: • *Text 1: alte Sprache, strenge Form des Sonetts* • *Text 2: poetische Sprache, feste Strophenform mit Reim* • *Text 3: direkte Rede und eine Handlung sind vorhanden sowie eine vielfältige Interpunktion, Auflösung traditioneller Formen, zwei Strophen unterschiedlicher Länge* • *Text 4: Orthografie und Grammatik sind außer Kraft gesetzt (Kleinschreibung, ungrammatischer Satzbau), Umgangssprache, Lautwirkung, unpoetische und „krasse" Wirkung, teils komisch, Auflösung traditioneller Formen*

Planungshinweise, Zusatzaufgaben und Lösungen zum Gedichtmodul

- *Text 5: eine Art Sprechgedicht, Darbietung spielt eine Rolle, kein Reim*
- *Text 6: metaphorische Sprache, Refrain, erzählender Stil, kein Reim*

Lehrervortrag:

Nicht alle Gedichte haben eine feste Form (wie z.B. die meisten traditionellen Gedichte des 17.–19. Jh.). Viele moderne Gedichte aus dem 20./21. Jahrhundert sind offen in Form und Sprache gestaltet. Häufig finden sich Merkmale anderer Gattungen (z.B. direkte Rede, Handlung) bei Gedichten wieder. Heutzutage werden sogar einige Pop- und Rock-Lieder sowie Raps zur Lyrik gezählt. Tatsächlich waren Gedichte zuerst Lieder.

Der Begriff „Lyrik" ist von dem antiken Instrument Lyra (griechisch für Leier) abgeleitet, das zum Symbol dichterischer Äußerung wurde. Damals trugen die Dichter ihre Texte gesungen vor, und der Vortrag wurde von der Lyra begleitet.

Das Mittelalter war ebenso geprägt vom mündlichen Vortrag von Liebesliedern, dem so genannten Minnesang.

Eine spezielle Form moderner Poesie ist die Slam-Poetry, selbstverfasste und performte Texte für einen Dichter-Wettstreit, den Poetry Slam. Solche Slams sind mittlerweile richtige Events geworden, welche dem Zuschauer v.a. zur Unterhaltung dienen.

Es ist also nicht einfach, eine Gattungsbestimmung „Lyrik" vorzunehmen. Gedichte können in Form, Inhalt und Gestaltung sehr unterschiedlich sein und sind heutzutage teils schwer von anderen Gattungen zu unterscheiden.

Vertiefung (fakultativ)	Wenn Sie diesen Baustein erweitern oder für die Oberstufe nutzen wollen, bietet sich die Arbeit mit einem geeigneten theoretischen Text an, z.B. mit dem Aufsatz „Lyrik und lyrisch" von Emil Staiger (siehe Literaturempfehlungen).

Planungshinweise, Zusatzaufgaben und Lösungen zum Gedichtmodul

Schritt 2:	Einen kreativen Zugang zu Gedichten finden
Ziel	Die Motivation der Schüler für das Befassen mit lyrischen Texten soll geschaffen werden.
Besondere Hinweise	Der Musik-Clip von Silbermond zu dem Lied „Himmel auf" (offizieller Musik-Clip HD) ist auf YouTube® (www.youtube.com/watch?v=cUYRa3LeqlY) zu finden.

Phase	Material/Arbeitsaufträge/Schüler- und Lehrerantworten
Einstieg/Auswertung	Musik-Clip/-Video **Hörauftrag:** *Notiere die Frage, die in dem Lied aufgeworfen wird, und die unterschiedlichen Antworten, die gegeben werden.* Die Schüler geben die Antworten der unterschiedlichen Sprecher im Clip wieder. **Lehrerkommentar:** *Diese unterschiedlichen Antworten weisen darauf hin, dass es keine eindeutige Antwort auf die Frage „Was ist Glück?" geben kann. Jeder hat eine andere Vorstellung davon, wie ihr sicher auch.*
Erarbeitung	**Arbeitsauftrag:** *Gib selbst eine Antwort auf die Frage, indem du für dich den Satz vervollständigst: Glück ist ....Schreibe ihn in dein Heft.* Die Schüler erarbeiten Antworten mit Hilfe des Arbeitsblattes „Was ist Glück? Eine lyrische Antwort finden – Gedichte".
Auswertung/Sicherung	Die Schüler stellen, z.B. auf einem Markt der Möglichkeiten (einzelne „Stände" in der Klasse, die sich alle Schüler frei ansehen können), ihre Ergebnisse vor. Alternativ erfolgen Einzel- und Gruppenpräsentationen im Plenum. Es sind unterschiedliche Lösungen möglich. Die Bewertung der Aufgaben richtet sich v.a. nach kreativen Wertmaßstäben sowie der Umsetzung der Aufgabenstellung.

Planungshinweise, Zusatzaufgaben und Lösungen zum Gedichtmodul

Schritt 3:	Gedichte analysieren und interpretieren (1/4)

Ziel	Die Schüler werden in die Lage versetzt, Texte gezielt zu untersuchen, Deutungen vorzunehmen und schließlich zu einem neuen Textverständnis zu gelangen, das über den ersten Leseeindruck hinausgeht. Zudem trägt das erweiterte Textverständnis zur Beantwortung der Frage „Was ist Glück?" bei.
Besondere Hinweise	Die Schüler sollten zunächst nur die ersten drei Aufgaben bearbeiten, anschließend findet eine erste Auswertung statt.

Phase	**Material/Arbeitsaufträge/Schüler- und Lehrerantworten**
Einstieg/Auswertung	Ein Schüler liest das Gedicht zunächst vor. **Lehrerimpuls:** *Beschreibt die Wirkung, die das Gedicht auf euch hat.* Die Schüler antworten z.B. *„Es wirkt einfach auf mich."* Dieser Impuls kann dazu genutzt werden, die Einfachheit zu hinterfragen und damit die Untersuchung zusätzlich zu begründen und zu den Aufgaben überzuleiten.
Erarbeitung	Die Schüler bearbeiten das Arbeitsblatt: „Was ist Glück? – Auf Entdeckungsreise nach Antworten: Peter Hacks" Die fortgeschrittenen Schüler, welche bereits sehr schnell zu einer eindeutigen Textaussage gelangen und das Gedicht schnell verstehen, sollten Sie dazu auffordern, folgender Fragestellung nachzugehen und ggf. im Anschluss Fachbegriffe für ihre Darstellung zu finden: *Inwiefern unterstützen die Form und Sprache des Gedichtes die Textaussage?* Davor sollten Sie im Einzelgespräch prüfen, ob der Schüler tatsächlich den Text verstanden hat.
Auswertung/Sicherung	**Hinweise zur Reflexion der Schülerantworten:** Unter „weiße Mulden" ist auf Grund der Schreibung nicht der gleichnamige Fluss zu verstehen, sondern eher unberührte (Weiß = farbliches Symbol der Unschuld) Straßenecken (Vertiefung in der Stadtlandschaft), in die man „eintauchen" möchte. Sollten die Schüler nicht selbstständig auf die Frage nach dem lyrischen Du kommen, so könnte der Frageimpuls lauten: *Was oder wen meint das lyrische Ich mit „Du"?* Wichtig bei den Schülerantworten ist, dass das Gedicht als Ganzes betrachtet wird.

Planungshinweise, Zusatzaufgaben und Lösungen zum Gedichtmodul

Im Anschluss an Aufgabe 6 kann der abschließende Frageimpuls erfolgen:
Seid ihr der Antwort auf die Frage „Was ist Glück?" etwas näher gekommen?

Mögliche Hypothese:
Das lyrische Ich fühlt sich in der Stadt wohl.

Mögliche These:
Die Stadt Berlin bietet neuzeitliche Glücksgefühle, welche sich in der Vielseitigkeit von Ruhe und Unruhe, Bekanntem und Unbekanntem ausdrücken.

Vertiefung (fakultativ)	**Abschlussdiskussion zu der Themenfrage:** *Kannst du das Gefühl des lyrischen Ichs nachvollziehen?* *Begründe deine Antwort anhand des untersuchten Gedichtes.*

Schritt 3: Gedichte analysieren und interpretieren (2/4)

Ziel	Die Schüler sollen erkennen, dass nur die Analyse aller drei Textbereiche (Inhalt, Form, Sprache) zur Textaussage führt und das Gedicht als ästhetisches Ganzes zu betrachten ist.
Besondere Hinweise	Das Schaubild abstrahiert den Analyseprozess, was für schwächere Schüler schwierig nachzuvollziehen sein könnte. Andererseits ist der Analyseprozess selbst etwas Abstraktes, das auf sich wiederholende Grundstrukturen zurückgeführt werden kann. Daher sollte das Schaubild mit Hilfe der Aufgaben schließlich für alle Schüler greifbar sein.

Phase	**Material/Arbeitsaufträge/Schüler- und Lehrerantworten**
Einstieg/Auswertung	Legen Sie die Folie: „Literarische Texte analysieren und interpretieren" auf. **Arbeitsauftrag:** *Beschreibt das vorliegende Schaubild.* **Mögliche Schülerantwort:** *Das Schaubild zeigt drei Kreise, in denen „Inhalt", „Form" bzw. „Sprache" steht. In der Mitte überschneiden sich die Kreise.*
Erarbeitung	Ein Schüler liest die Aufgaben vor, ggf. werden Fragen im Plenum geklärt. Die Schüler arbeiten dann die Aufgaben nacheinander ab.

Planungshinweise, Zusatzaufgaben und Lösungen zum Gedichtmodul

Auswertung/Sicherung

Die Schüler antworten z.B. zu Aufgabe 1:

- *Textinhalt und Textform überschneiden sich, Textform und Textsprache sowie Textsprache und Textinhalt ebenso.*
- *In den Schnittmengen gibt es neue Farben (=Zusammenhänge).*
- *In der Mitte treffen alle Bereiche aufeinander und ergeben ebenfalls eine eigene Farbe.*
- *Deutung im Hinblick auf die Analyse/Interpretation: Alle Bereiche überlappen sich und stehen in Zusammenhang.*
- *Aus dem Begründungszusammenhang ergibt sich eine mögliche Aussage des Gedichts, symbolisiert durch die Überschneidung in der Mitte.*

Erstellen Sie ein Tafelbild aus den Schülerantworten zu Aufgabe 2. Alternativ können sie die Ergebnisse auch in die Kreise schreiben.

Inhalt	Form	Sprache
Thema Motiv Situation des lyrischen Ichs/ Sprechers	Verse Strophen Reimschema Reinheit des Reims Rhythmus/Metrum Kadenzen bestimmte Gedicht- form (z.B. Sonett)	**Wortebene:** Wortfelder; bestimmte Verben, Adjektive, Substantive; ggf. Schlüsselwörter **Satzebene:** Versbau, Interpunktion (!, ., ?, :), Rhetorik (Stilmittel auf Wort-, Klang- und Satzebene)

Schritt 3:   Gedichte analysieren und interpretieren (3/4)

Ziel

Die Schüler werden in die Lage versetzt, Texte gezielt zu untersuchen, Deutungen vorzunehmen und schließlich zu einem neuen Textverständnis zu gelangen, das über den ersten Leseeindruck hinausgeht. Darüber hinaus trägt das erweiterte Textverständnis zur Beantwortung der Frage „Was ist Glück?" bei.

Besondere Hinweise

Die Ergebnisfolien können auch als Lösungsblätter an die Schüler verteilt werden, um eine Sicherung im Heft zu garantieren.
Für schwächere Schüler kann die Arbeitskarte auch weggelassen werden, da es schwierig sein kann, die Lückentabelle und die Arbeitskarte methodisch zu verknüpfen.

Planungshinweise, Zusatzaufgaben und Lösungen zum Gedichtmodul

Phase	Material/Arbeitsaufträge/Schüler- und Lehrerantworten
Einstieg	Ein Schüler liest das Gedicht vor.
Erarbeitung	Die Schüler bearbeiten das Arbeitsblatt: „Was ist Glück? – Auf Entdeckungsreise nach Antworten: Hermann Hesse". Zur Bearbeitung können die Spalten in der Tabelle mit folgenden Inhalten gefüllt werden (Vorlage ggf. auf DIN A3 vergrößern).

Inhalt	Hermann Hesse (1877–1962)	RS	Form	Sprache
Thema:	**Glück**		Reimschema:	Wortebene:
Motiv(e):	1 Solang du nach dem Glücke jagst,		Reinheit des Reims:	Vers- und Satzebene:
	2 Bist du nicht reif zum Glücklichsein,			
	3 Und wäre alles Liebste dein.		Rhythmus/Metrum:	
Sprecher (lyrisches Ich)/ Situation:	4 Solang du um Verlornes klagst			
	5 Und Ziele hast und rastlos bist,		Kadenzen:	Rhetorische Stilmittel:
	6 Weißt du noch nicht, was Friede ist.			
Zusammen- fassung der Sinneinheiten:	7 Erst wenn du jedem Wunsch entsagst,		Grundstruktur:	
	8 Nicht Ziel mehr noch Begehren kennst,			
	9 Das Glück nicht mehr mit Namen nennst,			
	10 Dann reicht dir des Geschehens Flut			
	11 Nicht mehr ans Herz, und deine Seele ruht.			

Auswertung/Sicherung	Geben Sie den Schülern das Lösungsblatt und besprechen Sie dieses. Folgende Lösungsvorschläge müssen mündlich ergänzt werden: Metapher V.1 bedeutet übertriebene Suche nach dem Glück, Metapher V 10f. bedeutet, dass durch das Geschehene keine Gefühle mehr entstehen, auch Gefühlsstillstand vorhanden ist.
Erarbeitung	**„(Poetische) Schatz-Karten" – Interpretationsansätze verarbeiten:** Verteilen Sie an jeden Schüler ein leeres DIN-A5-Blatt, und erteilen Sie den Auftrag, dort ihre Interpretationsthese, also ihr Ergebnis aus der Analyse, groß zu notieren (mit dem eigenen Namen). Sammeln Sie anschließend die Blätter ein, ziehen Sie ein beliebiges, und stellen Sie die These in der Klasse zur Diskussion (vorausgesetzt, dass es eine strittige These ist). Die Schüler sollen ihre Zustimmung oder Ablehnung anhand des Gedichtes begründen und können zudem ihre eigene Meinung formulieren.

Achten Sie darauf, dass die Schüler keine Inhaltsangabe machen, sondern wirklich eine eigene These formulieren. Bei der Auswertung sollten Sie auf den Unterschied eingehen. |

Planungshinweise, Zusatzaufgaben und Lösungen zum Gedichtmodul

Vertiefung (fakultativ)	**Hausaufgabe:** Zur Sicherung der Diskussion sollen die Schüler einen Schluss formulieren, wie er beispielsweise in einem Aufsatz stehen würde. Dazu sollte die eigene These verwendet werden. **Inhalte des Schlusses sind:** • die Interpretationsergebnisse in Form einer Wertung zusammengefasst (Synthese) und Verdeutlichung der Gedichtaussage unter Einbeziehung des Gedichttitels • die eigene Meinung/Wertung • ein evtl. Vergleich zu anderen Gedichten/Texten der Zeit Die Lehre des Gedichtes bietet sich für eine Diskussion oder gut vorbereitete Debatte an. Fragen können hierbei sein: • *Ist Aktivität oder Passivität sinnvoller bei der Suche nach dem Glück?* • *Inwiefern ist Seelenfrieden für dich Glück?*

Schritt 3: Gedichte analysieren und interpretieren (4/4)

Ziel	Durch den Gedichtvergleich trainieren die Schüler vermehrt die Konzentration auf wesentliche Gestaltungsmerkmale, gerade durch das begrenzte Zeitfenster. Zudem betrachten sie die thematische Ausgestaltung näher.
Besondere Hinweise	Die Ergebnisfolien können auch als Lösungsblätter an die Schüler verteilt werden, um eine Sicherung im Heft zu garantieren.

Phase	Material/Arbeitsaufträge/Schüler- und Lehrerantworten
Einstieg/Erarbeitung	Die Schüler bearbeiten das Arbeitsblatt: „Was ist Glück? – Auf Entdeckungsreise nach Antworten: Manfred Streubel/Hans Brinkmann"
Auswertung/ Sicherung	Legen Sie die Folie „Auswertung des Gedichtvergleichs Streubel/Brinkmann" auf, und besprechen Sie diese ggf. mit den Schülern.
Vertiefung (fakultativ)	**Frage/Arbeitsauftrag:** *Seid ihr der Antwort auf die Frage „Was ist Glück?" wieder/diesmal etwas näher gekommen? Beendet den Satz, und ergänzt diesen durch Erläuterungen: Glück ist...*

Planungshinweise, Zusatzaufgaben und Lösungen zum Gedichtmodul

Schritt 4:	Eine schriftliche Gedichtinterpretation verfassen

Ziel	Durch das Ergänzen der Lücke auf dem Arbeitsblatt nähern sich die Schüler dem Schreiben in Zusammenhängen an. Überforderung wird dadurch vermieden, dass die Schüler keine vollständige Interpretation schreiben müssen.
Besondere Hinweise	Grundsätzlich ist es sinnvoll, wenn die Schüler bereits zuvor einzelne Textteile (z.B. Einleitung, Inhaltsangabe, Hypothese, These, Schluss) formuliert haben.

Phase	Material/Arbeitsaufträge/Schüler- und Lehrerantworten
Einstieg	Stellen Sie die Aufsatzstruktur vor, die Schüler lesen sich ein und stellen ggf. Fragen. Je nach Schreibtyp kann diese Struktur abgewandelt werden. Die Elemente sind allerdings bindend. Erklären Sie, dass diese Struktur ein Hilfsinstrument ist: Es geht bei der schriftlichen Interpretation um das Schreiben in Zusammenhängen und nicht um die Aneinanderreihung von Entdeckungen, ohne deren Deutung und Sinn für die Textaussage zu klären. Die Aufgabe auf dem Arbeitsblatt „Auf die Sätze, fertig, los!" wird gemeinsam besprochen, Fragen werden geklärt.
Erarbeitung	Die Schüler bearbeiten das Arbeitsblatt „Auf die Sätze, fertig, los!" mit Hilfe der Infoseiten „Aufsatzstruktur für die Analyse und Interpretation eines Gedichts", „Formulierungshilfen für den Aufsatz" und „Überblick zu den Zitiertechniken"
Auswertung/Sicherung	Für den Lückentext sind unterschiedliche Ergebnisse auf Grund der Formulierungen möglich. Eine Auswertung kann in der Klasse mündlich erfolgen. Die Ergebnisse, v.a. schwächerer Schüler, sollten Sie einsammeln und korrigieren. Zum Abschluss sollten Sie das Lösungsbeispiel austeilen.

Planungshinweise, Zusatzaufgaben und Lösungen zum Gedichtmodul

Schritt 5:	Eine schriftliche Gedichtinterpretation überarbeiten

Ziel	Die Schüler werden für Schwachstellen schriftlicher Interpretationen sensibilisiert und nehmen diese folglich bei ihrer eigenen Interpretation schneller wahr bzw. vermeiden diese.
Besondere Hinweise	Für die Gruppenarbeit müssen ein Tisch und zwei bis drei Flip-Chart-Papiere sowie Stifte für die Autorengruppe bereitgestellt werden. Die Zeit für die Erarbeitungsphase sollte auf die Lerngruppe und die Länge der Aufsätze abgestimmt werden. Auf die Korrektur der Orthografie durch die Konferenzmitglieder kann verzichtet werden, da Schüler meist keine Experten auf diesem Gebiet sind.

Phase	Material/Arbeitsaufträge/Schüler- und Lehrerantworten
Einstieg	Zunächst sollten die Aufgaben und Konferenzfragen im Plenum besprochen werden. Es erfolgt die Gruppenbildung.
Erarbeitung	Die Schüler bearbeiten das Arbeitsblatt: „Einen Aufsatz überarbeiten: Schreibkonferenz der Experten"
Auswertung/Sicherung	Die Autorengruppe legt mündlich ihre Besprechungsergebnisse dar. Die übrigen Schüler stellen sich im Plenum den Fragen: • *Wie hilfreich war diese Methode sowohl für die Korrektoren als auch Autoren der Aufsätze?* • *Welche Bedeutung hat die Überarbeitung im Schreibprozess?*
Vertiefung (fakultativ)	**Hausaufgabe:** *Erstelle eine persönliche Liste von fünf Fragen, denen du bei deiner eigenen Überarbeitung in der Klassenarbeit nachgehen möchtest, um eine gezielte Überarbeitung deiner eigenen Problembereiche vornehmen zu können.*

Planungshinweise, Zusatzaufgaben und Lösungen zum Gedichtmodul

Weitere Aufgaben:

Langfristige Hausaufgabe zur Unterrichtsreihe:

Erstelle ein Glossar zu den lyrischen Fachbegriffen. Verwende dazu eine seriöse Fachquelle (z.B. Nachschlagewerke für das Fach Deutsch). Wenn es sich anbietet, kannst du ein Beispiel aus den bereits behandelten Gedichten nehmen. *(Einzelarbeit)*

Die vorliegende Tabelle (S. 17) kann als Vorlage für die Schüler dienen. Es bietet sich an, dass Sie ausgewählte Begriffe nennen und die Schüler die Tabelle auf dem Computer (ggf. gemeinsame Erarbeitung im Computerraum) einrichten, damit die Spalten- und Zeilenbreite individuell nach den Inhalten ausgerichtet werden kann. Bei den hier vorgegebenen Inhalten handelt sich um eine Auswahl wichtiger Fachbegriffe, da eine Vollständigkeit aller rhetorischen Mittel in der Mittelstufe nicht geleistet werden kann.

Hausaufgabe zum Gedicht „Ode auf Berlin" von Peter Hacks:

Schreibe ebenfalls ein Stadt-/Berlin-Gedicht zu dem Thema „Glück", das die gleiche Strophenanzahl aufweist und ebenso einige (mindestens drei) sprachliche Bilder enthält. Die Form (traditionell oder modern) kannst du frei wählen. Um dir die Ideenfindung zu erleichtern, führe zuerst ein Brainstorming zum Thema „Glück in der Stadt" durch. *(Einzelarbeit)*

Hausaufgabe zu allen Gedichten (nach Abschluss der Textarbeit):

Verfasse eine Inhaltsangabe zu dem Gedicht. Achte darauf, den Inhalt (Antworten auf die W-Fragen, Wesentliches) mit eigenen Worten im Präsens wiederzugeben und keine Textbelege zu verwenden. *(Einzelarbeit)*

Abschlussaufgabe zur schriftlichen Interpretation von Gedichten zur Vorbereitung auf die Klassenarbeit:

Analysiere und interpretiere schriftlich das Gedicht „Rummel" von Hans Brinkmann. (Arbeitsblatt „Richtig zitieren üben", S. 52) *(Einzelarbeit)*

Abschlussaufgabe zur Unterrichtsreihe:

Du hast zahlreiche Gedichte und damit verschiedene Ansichten des Glücks kennengelernt. Trage diese Ansichten in Stichworten zusammen, und erstelle anschließend mit deinem Banknachbarn zehn Sprüche, die auf Spruchbändern in Glückskeksen stehen könnten. *(Partnerarbeit)*

Abschlussaufgabe zur Analyse und Interpretation von Glücksgedichten und Weiterarbeit:

Ihr habt durch die verschiedensten lyrischen Texte unterschiedliche Ansichten zum Glück kennengelernt. Könnt ihr euch noch an das Video von Silbermond erinnern, in dem die Menschen die Frage „Was ist Glück?" unterschiedlich beantworten? Erstellt selbst so ein Video, in dem ihr Interviews führt und diese auf die Hintergrundmusik in euer Video schneidet. *(Gruppenarbeit, fünf Personen je Gruppe)*

Planungshinweise, Zusatzaufgaben und Lösungen zum Gedichtmodul

Glossar

Begriffe	Definition	Beispiel
lyrisches Ich		
lyrischer Sprecher		
Thema		
Motiv		
Hypothese		
These		
Gedichtform		
Volkslied		
Ballade		
Ode		
Elegie		
Hymne		
Sonett		
Reimfolgen: Endreim		
Paarreime/ Haufenreime		
Kreuzreime		
umschließende/ umarmende Reime		
Schweifreime		
Kehrreime (Refrain)		
Reimfolgen: Binnenreim		
Alliteration (Stabreim)		
Reimformen		
reiner Reim		
unreiner Reim		
Waise		
Lautung: Metrum		
Jambus		
Trochäus		
Daktylus		
Anapäst		

Konzept

Begriffe	Definition	Beispiel
Lautung: Kadenzen		
männlich		
weiblich		
Satzbau		
Parataxe		
Hypotaxe		
Versbau		
Enjambement		
Wortwahl		
Wortfelder		
Schlüsselbegriffe		
Rhetorische Figuren: auf der Satzebene/ Versebene		
Klimax		
Anapher		
Epipher		
Rhetorische Frage		
Ellipse		
Parallelismus		
Rhetorische Figuren: auf der Wortebene		
Vergleich		
Metapher		
Symbol		
Allegorie		
Ironie		
Hyperbel		
Euphemismus		
Antithese		
Neologismus		
Paradoxon		
Oxymoron		
Personifikation		
Apostrophe		
Metonymie		

Planungshinweise und Lösungen zum Ausdrucksmodul

Tipps zur Verbesserung des Ausdrucks

Ziel	Die Schüler sollen für Fehlerstellen im Aufsatz sensibilisiert werden.

Phase	Material/Arbeitsaufträge/Schüler- und Lehrerantworten
Erarbeitung	Die Schüler bearbeiten die Arbeitsblätter „Tipps zur Verbesserung des Ausdrucks"
Auswertung/Sicherung	Legen Sie die Folie „Auswertung der Übung zur Verbesserung des Ausdrucks I" auf und besprechen Sie sie ggf. mit den Schülern.
Vertiefung	Die Schüler erhalten folgenden Arbeitsauftrag: *Reflektiert die Unterschiede in der Wirkung des falschen und richtigen Satzes.*

Übung zur Verbesserung des Ausdrucks

Ziel	Die Schüler sollen erkennen, dass die Sprache in diesem Gedicht bewusst verwendet wird, um die Aussage zu untermalen. Gleichzeitig finden sie erste Alternativen zu umgangssprachlichen Ausdrücken.
Besondere Hinweise	Die Jugendlichen wissen meist nicht mehr, wie die nicht umgangssprachliche Ausdrucksvariante lautet. Es gilt, den Schülern aufzuzeigen, dass man Formulierungsalternativen kennen muss.

Phase	Material/Arbeitsaufträge/Schüler- und Lehrerantworten
Erarbeitung	Die Schüler bearbeiten das Arbeitsblatt „Übung zur Verbesserung des Ausdrucks II".
Vertiefung (fakultativ)	Die Schüler erhalten folgenden Arbeitsauftrag: *Reflektiert die Unterschiede in der Wirkung zwischen dem falschen und richtigen Satz.*

Planungshinweise und Lösungen zum Ausdrucksmodul

Richtig zitieren üben

Ziel	Die Schüler üben unterschiedliche Techniken des Zitierens bzw. die Verknüpfung von Zitieren (Belegen) und Erklären (von beispielsweise sprachlichen Besonderheiten).

Phase	Material/Arbeitsaufträge/Schüler- und Lehrerantworten
Erarbeitung	Die Schüler bearbeiten das Arbeitsblatt „Richtig zitieren üben".
Auswertung/Sicherung	**Lösungsvorschlag (für ein Tafelbild):** • *In diesem Gedicht prägen mehrere Enjambements (Vgl. V. 5–6, 6–7, 10–11, 13–14) die Gestaltung des Versbaus.* • *Die Metapher „Lachend stehen die Rittmeister/an den Kassen der Hippodrome" (V. 10+11) soll zeigen, dass es auf einem Rummel ähnlich wie auf einer Pferderennbahn (= „Hippodrom") zugeht. Die Meister des Pferderennens (= „Rittmeister", V. 10) stehen „lachend [...] an den Kassen" (ebd.), d.h., sie amüsieren sich bei ihrer Arbeit an der Kasse. Die Kassen „der Hippodrome" (V. 11) sind die Kassen der Pferderennbahnen, wobei auf dem Rummel kein Pferderennen im eigentlichen Sinne stattfindet, sondern die Menschen sich wie Pferde benehmen. Sie „galoppieren" auf ihren Pfaden der Glückseligkeit in einer Schnelligkeit, als wollten sie einen Wettkampf gewinnen.* • *Das Gedicht endet damit, dass der lyrische Sprecher behauptet, es sei „[n]ichts [...] umsonst" (V. 14).*

Planungshinweise zur Klassenarbeit:

Bei der Bewertung orientiert sich die prozentuale Verteilung für Inhalt, Form und Sprache an den schulinternen Festlegungen. Je nach Übungsschwerpunkt im Unterricht können die Kriterien für die einzelnen Bereiche neu gewichtet sowie ggf. verändert werden. Zur Form und Sprache können bestimmte Fehlerquellen, die häufig auftraten, über die editierbare CD eingefügt werden. Die Schüler sollten eine Berichtigung anfertigen, um ihre Fehler zu reflektieren.

Was ist Lyrik? – Eine Lyrik-Rallye

Gedichte interpretieren – Schritt 1: Gedichte kennenlernen

Ziel der Rallye

Kennenlernen unterschiedlicher Gedichte

Ausgangssituation

Gruppenbildung und Gruppentische, Stationen

Methode

Zu Beginn ordnet sich jede Gruppe (drei bis fünf Personen) einer Textstation zu. Ihr beginnt auf das Signal der Lehrkraft hin, die Stationsaufgabe zu lösen. Diese Aufgabe ist immer dieselbe, nur die Texte sind verschieden.

Hinweis: Notiert sofort die Ergebnisse zu den Aufgaben, welche ihr gemeinsam an der Station löst.

Nach fünf Minuten Stationsaufenthalt erklingt das Signal und zeigt damit den Wechsel der Station im Uhrzeigersinn an.

Hat jede Gruppe jede Station besucht, so geht ihr mit eurer Gruppe zurück an euren Tisch und bereitet zehn Minuten die Präsentation vor: Ein Schüler mit einer gut leserlichen Schrift überträgt die Ergebnisse zu eurem Starttext (erster Text der Gruppe) stichwortartig auf die Folie. Zuletzt formuliert ihr ein Fazit auf der Folie, das auf die Frage „Was ist Lyrik?" Antwort gibt. Dieses könnt ihr wie folgt einleiten: *Lyrik ist für uns …*

Präsentation

Es folgt die **Präsentation der Ergebnisse** eines Gruppenvertreters vor der Klasse. Der Repräsentant der Gruppe darf nicht derjenige sein, der bereits das Folienschreiben übernommen hat. Die zuhörenden Schüler der anderen Gruppen korrigieren oder ergänzen die Aussagen, wenn sie bei der Rallye andere Ergebnisse zu dem entsprechenden Text erzielt haben.

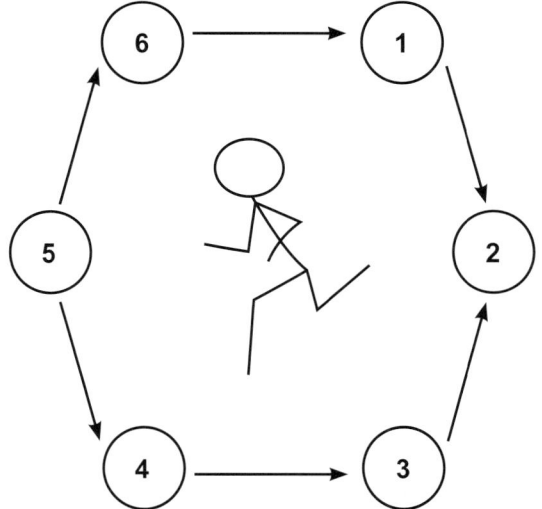

Andreas Gryphius (1616–1664)

Menschliches Elende

Was sind wir Menschen doch! Ein Wohnhaus grimmer Schmerzen,
Ein Ball des falschen Glücks, ein Irrlicht dieser Zeit,
Ein Schauplatz herber Angst, besetzt mit scharfem Leid,
Ein bald verschmelzter Schnee und abgebrannte Kerzen.

Dies Leben fleucht davon wie ein Geschwätz und Scherzen.
Die vor und abgelegt des schwachen Leibes Kleid
Und in das Totenbuch der großen Sterblichkeit
Längst eingeschrieben sind, sind uns aus Sinn und Herzen.

Gleich wie ein eitel Traum leicht aus der Acht hinfällt
Und wie ein Strom verscheußt, den keine Macht aufhält,
So muß auch unser Nam, Lob, Ehr und Ruhm verschwinden.

Was itzund Atem holt, muss mit der Luft entfliehn,
Was nach uns kommen wird, wird uns ins Grab nachziehn.
Was sag ich? Wir vergehn wie Rauch von starken Winden.

(1637)

(Quelle: Andreas Gryphius: Freuden- und Trauer-Spiele,
auch Oden und Sonette. Trescher, Breslau, 1663.)

Worterklärung:

Acht = Aufmerksamkeit

---

1. **Überfliegt den Text, und klärt mit Hilfe eures Vorwissens,
   was ihn eurer Meinung nach zu einem lyrischen Text macht.**

2. **Kennzeichnet die Besonderheiten des Textes in Bezug auf
   die äußere Form, die Sprache und die Wirkung.**

3. **Notiert die in der Gruppe besprochenen Merkmale stichwortartig.**

(5 Minuten Zeit)

Lyrik-Rallye: Text 2

Gedichte interpretieren – Schritt 1: Gedichte kennenlernen

Joseph Freiherr von Eichendorff (1788–1857)

Liedchen

Wie jauchzt meine Seele
Und singet in sich!
Kaum daß ich's verhehle,
So glücklich bin ich.

Rings Menschen sich drehen
Und reden gescheut,
Ich kann nichts verstehen,
So fröhlich zerstreut. –

Zu eng wird das Zimmer,
Wie glänzet das Feld,
Die Täler voll Schimmer,
Weit herrlich die Welt!

Gepreßt bricht die Freude
Durch Riegel und Schloß,
Fort über die Heide!
Ach, hätt' ich ein Roß! –

Und frag' ich und sinn' ich,
Wie so mir geschehn? –
Mein Liebchen herzinnig,
Das soll ich heut' sehn!

(1826)

(Quelle: Joseph von Eichendorff: Aus dem Leben eines Taugenichts und das Marmorbild. Vereinsbuchhandlung, Berlin, 1826.)

1. **Überfliegt den Text, und klärt mit Hilfe eures Vorwissens, was ihn eurer Meinung nach zu einem lyrischen Text macht.**

2. **Kennzeichnet die Besonderheiten des Textes in Bezug auf die äußere Form, die Sprache und die Wirkung.**

3. **Notiert die in der Gruppe besprochenen Merkmale stichwortartig.**

(5 Minuten Zeit)

Lyrik   23   Schritt für Schritt zur schriftlichen Interpretation

Theodor Fontane (1819–1898)

Aber wir lassen es Andere machen

Ein Chinese ('s sind schon an 200 Jahr)
In Frankreich auf einem Hofball war.
Und die einen frugen ihn: ob er das kenne?
Und die andern frugen ihn: wie man es nenne?
„Wir nennen es tanzen", sprach er mit Lachen,
„Aber wir lassen es Andere machen."

Und dieses Wort seit langer Frist,
Mir immer in Erinnerung ist.
Ich seh das Rennen, ich seh das Jagen,
Und wenn mich die Menschen umdrängen und fragen,
„Was tust du nicht mit? Warum stehst du bei Seit?"
So sag ich: „Alles hat seine Zeit.
Auch die Jagd nach dem Glück. All derlei Sachen,
Ich lasse sie längst durch Andere machen."

(1851)

*(Quelle: Theodor Fontane: Gedichte. J.G.Cotta'sche Buchhandlung Nachfolger,
Stuttgart/Berlin, 1905)*

1. **Überfliegt den Text, und klärt mit Hilfe eures Vorwissens,
   was ihn eurer Meinung nach zu einem lyrischen Text macht.**

2. **Kennzeichnet die Besonderheiten des Textes in Bezug auf
   die äußere Form, die Sprache und die Wirkung.**

3. **Notiert die in der Gruppe besprochenen Merkmale
   stichwortartig.**

(5 Minuten Zeit)

Lyrik-Rallye: Text 4

Gedichte interpretieren – Schritt 1: Gedichte kennenlernen

Ernst Jandl (1925–2000)

von zeiten

sein das heuten tag es ein scheißen tag
sein das gestern tag sein es gewesen ein scheißen tag
ebenfalz
kommen das morgen tag sein es werden ein scheißen tag
ebenfalz
und so es sein aufbauen sich der scheißen woch
und auf dem scheißen woch und dem scheißen woch
so es sein aufbauen sich der scheißen april
und es sein anhängen sich der scheißen mai
und es sein anhängen sich der scheißen juni scheißen juli
august etten zetteren
so es sein aufbauen sich der scheißen jahr
und auf allen vieren der scheißen schalten jahr
und haben jeden der scheißen jahr darauf einen
nummeron
neunzehnscheißhundertsiebenundsiebzigscheiß
scheißneunzehnhundertscheißachtundscheißsiebzig-
scheiß
so es sein aufbauen sich der scheißen leben
schrittenweizen hären von den den geburten
und sein es doch wahrlich zun tot-scheißen

(1997)

(Quelle: Ernst Jandl, poetische Werke, hrsg. Von Klaus Siblewski © 1997
Luchterhand Literaturverlag, München, in der Verlagsgruppe Random House GmbH)

1. **Überfliegt den Text, und klärt mit Hilfe eures Vorwissens,**
   was ihn eurer Meinung nach zu einem lyrischen Text macht.

2. **Kennzeichnet die Besonderheiten des Textes in Bezug auf**
   die äußere Form, die Sprache und die Wirkung.

3. **Notiert die in der Gruppe besprochenen Merkmale**
   stichwortartig.

(5 Minuten Zeit)

Lyrik-Rallye: Text 5 (Video-Station)

Gedichte interpretieren – Schritt 1: Gedichte kennenlernen

Dan Pöne

Glück

wir schütteln das Glück
in Händen wild herum
von der eigenen Brust nicht fern
Wonne fiebernd
Stürme säen

um es anschließend
auf den Tisch zu hauen
und hoffen und bangen
und zusammenzählen
was übrig bleibt

(2012)

(Quelle: © Dan Pöne)

1. **Überfliegt den Text, und klärt mit Hilfe eures Vorwissens,
   was ihn eurer Meinung nach zu einem lyrischen Text macht.**

2. **Kennzeichnet die Besonderheiten des Textes in Bezug
   auf die äußere Form, die Sprache und die Wirkung.**

3. **Notiert die in der Gruppe besprochenen Merkmale stichwortartig.**

(5 Minuten Zeit)

Lyrik-Rallye: Text 6 (Hörstation)

Gedichte interpretieren – Schritt 1: Gedichte kennenlernen

Silbermond

Wann reißt der Himmel auf

Tausende Kreuze trägt er über den Tag;
365 Tage im Jahr;
12 Stunden zeichnen sein Gesicht;
es ist ok, aber schön ist es nicht.

Jeden Morgen geht er durch diese Tür und
jeden Morgen bleibt die Frage „Wofür" und
jeder Tag gleitet ihm aus der Hand
ungebremst gegen die Wand.

Ist nicht irgendwo da draußen bisschen Glück
    für mich?
Irgendwo ein Tunnelende, das Licht verspricht?
Er will so viel doch eigentlich nicht;
nur ein kleines bisschen Glück!

Refrain:

Wann reißt der Himmel auf,
auch für mich, auch für mich?
Wann reißt der Himmel auf,
auch für mich, auch für mich?

Wann reißt der Himmel auf,
sag mir wann, sag mir wann?
Wann reißt der Himmel auf,
auch für mich, auch für mich?
Sag, wann reißt der Himmel auf?
Wann reißt der Himmel auf?

Es ist das Leben hier im Paradies,
wenn das süße Gift in ihre Venen schießt,
vergisst sie alles, was so gnadenlos schien;
den kalten Himmel und das kalte Berlin.

Sie ist nicht gerne gesehen in dieser Stadt, weil
unser Netz sie nicht aufgefangen hat und weil
der Teufel seine Kreise um sie zog,
noch nie fiel ihr was in den Schoß.

Ist nicht irgendwo da draußen bisschen Glück
    für mich?
Irgendwo ein Tunnelende, das Licht verspricht?
Sie will so viel und doch eigentlich nicht;
nur ein kleines bisschen Glück!

Refrain

(2012)

*(Quelle: © Silbermond Musikverlag GmbH/Valicon Songs OHG;
Arabella Musikverlag GmbH, Berlin; Melodie der Welt J. Michel
GmbH & Co. KG Musikverlag; Frankfurt)*

1. **Überfliegt den Text, und klärt mit Hilfe eures Vorwissens,
   was ihn eurer Meinung nach zu einem lyrischen Text macht.**

2. **Kennzeichnet die Besonderheiten des Textes in Bezug auf die
   äußere Form, die Sprache und die Wirkung.**

3. **Notiert die in der Gruppe besprochenen Merkmale stichwortartig.**

(5 Minuten Zeit)

Was ist Glück? – Eine lyrische Antwort finden: Gedichte

Gedichte interpretieren – Schritt 2: Einen kreativen Zugang zu Gedichten finden

Eva Strittmatter (1930–2011)

Leben I

Angemessen zu sein, dem Leben zu entsprechen,
Darauf kommt es an. Und nicht auf Biegen und
    Brechen
Nach Glück zu gieren. Was ist Glück?
Glück ist Verführung zum Verweilen.
Man will die Welt in einem Stück
Und nicht mit andern teilen.
Man übertreibt die Selbstempfindung,
Wenn man nach Glück geht. Man vergißt
Die Unauflöslichkeit der Bindung
Von Licht und Dunkel. Und man mißt
Mit falschem Maß, sieht man nur sich.
Leben verlangt Selbstüberwindung:
Zuerst die anderen, und dann ich.

(Quelle: Eva Strittmatter. Sämtliche Gedichte © Aufbau Verlag GmbH & Co KG, Berlin 2006 (Das Gedicht erschien erstmals 1975 in E.S.: Mondschnee liegt auf den Wiesen. Gedichte, im Aufbau-Verlag; Aufbau ist eine Marke der Aufbau Verlag GmbH & Co. KG)

Jakob Haringer (1898–1948)

Das Glück

O Zigarren-Rauchen …
Nachts, wenn der Sturm hell singt
Und die Donner pfauchen –
Lustig der Regen springt.
So in den Rauch hinein dichten:
Lernt man erst alles verstehn,
Lernst du auf alles verzichten –
Muß ja doch alles verwehn!
So beim Rauch der Zigarre –
Sinnend im Sonnenschein,
Fernher klingt eine Gitarre,
Und ein Verküssen darein:
Alles Leben verqualmen
Ist wohl sein bester Gebrauch:
Braune Verschwenderpsalmen!
Bis auch der Tod bloß ein Rauch.

(Quelle: Jakob Haringer: In der Dämmerung gesungen. Berlin, 1982.)

Ludwig Tieck (1773–1853)

Zeit

So wandelt sie, im ewig gleichen Kreise,
Die Zeit nach ihrer alten Weise,
Auf ihrem Wege taub und blind,
Das unbefangene Menschenkind
Erwartet stets vom nächsten Augenblick
Ein unverhofftes seltsam neues Glück.
Die Sonne geht und kehret wieder,
Kommt Mond und sinkt die Nacht hernieder,
Die Stunden die Wochen abwärts leiten,
Die Wochen bringen die Jahreszeiten.
Von außen nichts sich je erneut,
In dir trägst du die wechselnde Zeit,
In dir nur Glück und Begebenheit.

(Quelle: Ludwig Tieck: Gesammelte Werke. Reimer, Berlin, 1928)

August Heinrich Hoffmann von Fallersleben (1798–1874)

Statistische Glückseligkeit

Unsers ganzen Wohlstands Quellen
Siehst du alle hell und klar
Uebersichtlich in Tabellen
Jahr für Jahr und bis aufs Haar.

Hier zehn Schafe *mehr* geschoren,
Dort ein *neues* Lagerbier,
Dort drei Ochsen *mehr* geboren,
Und ein Drittel Seele hier.

Welch ein Wachsthum zum Entzücken!
Lauter höhere Cultur!
Lauter Streben zum Beglücken!
Und *wir* sind das Glückskind nur.

(Quelle: August Heinrich Hoffmann von Fallersleben: Gesammelte Werke. Fontane, Berlin 1891)

Was ist Glück? – Eine lyrische Antwort finden: Aufgaben

Gedichte interpretieren – Schritt 2: Einen kreativen Zugang zu Gedichten finden

1. **Lies die Gedichte, und entscheide spontan, welches dir am besten gefällt. Begründe anschließend deine Wahl, indem du sie (in vollständigen Sätzen) in dem dafür vorgesehenen Platz erläuterst.**

   a) Ich wähle das Gedicht _____

   b) Meine Begründung lautet: _____

   _____

2. **Wähle eine der folgenden Aufgaben aus, um dich weiter mit deinem gewählten Gedicht auseinanderzusetzen.**

   a) Entwickle aus dem Gedicht heraus ein **Glücksrezept** (z.B. 150 g Geld etc.). Erweitere die Zutaten und lasse ein „Glücks-Gericht" entstehen mit eigenem Titel (z.B. „Zeitragout á la carte"). Erstelle dazu zunächst eine Zutatenliste für den „Einkauf", und schreibe anschließend eine „Koch"-Anleitung in Textform. Solltest du sehr zeitig fertig sein, zeichne noch eine Abbildung von dem Gericht dazu.

   b) Male bzw. zeichne ein **Bild oder Comic** zu dem Gedicht!

   c) Suche dir jemanden, der das gleiche Gedicht gewählt hat. Überlegt, wie ihr die Bilder, die das Gedicht in euren Köpfen erzeugt, zu zweit oder in der Gruppe nachspielen könntet. Erstellt Skizzen zu einer oder mehreren **Szenen**, in denen ihr die Situation oder das dargestellte Gefühl (mit oder ohne Sprechen) nachempfindet! Studiert diese Szenen ein. Sollte euch das Spielen schwerfallen, so könnt ihr auch ein **Standbild**, also ein „eingefrorenes" Bild einstudieren. Fertigt zuvor eine Skizze dafür an.
   (30 Minuten)

   Präsentiert anschließend die Ergebnisse vor der Klasse.

3. **Wähle das Gedicht, welches dir am wenigsten gefällt. Schreibe ein Antwortgedicht, indem du**

   a) den Inhalt des Gedichtes belässt und lediglich den Sprachstil veränderst, z.B. das Gedicht in Jugendsprache umschreibst, oder

   b) den Inhalt des Gedichtes veränderst und den Sprachstil beibehältst.

   Überlege dir im Anschluss, welche Stimmung dein Gedicht widerspiegeln soll und wie du diese in der Betonung, im Sprechtempo und in der Lautstärke verdeutlichen kannst. Trage es betont vor.
   (10 Minuten Zeit für Aufgabe 1, 30 Minuten für Aufgabe 2, Aufgabe 3 = Hausaufgabe oder Stundenaufgabe, d.h. 45 Minuten Zeit)

© Verlag an der Ruhr | Autorin: Cathleen Henschke | ISBN 978-3-8346-2334-8 | www.verlagruhr.de

Peter Hacks (1928–2003)

Ode auf Berlin

1 O wie gern bin ich alleine	13 Daß am Glück es nicht gebreche,
2 Mitten in der großen Stadt,	14 Hat Berlin mir dich gesandt,
3 Wo man seinen Lärm und seine	15 Dich, du meiner letzten Schwäche
4 Wunderschöne Ruhe hat.	16 Heißgeliebter Gegenstand.
5 Und ich denke meine Sachen,	17 Und in deine weißen Mulden
6 Muß mich keinem anvertraun.	18 Schmieg ich heiter mein Gesicht.
7 Was ich kann, das darf ich machen.	19 Leute, die der Welt nichts schulden,
8 Niemand lugt mir übern Zaun.	20 Deren Seele nimmt sie nicht.
9 Mich berührt der Völker Jammer.	21 O wie gern bin ich alleine,
10 Bruders Jammer läßt mich kühl.	22 O wie gerne auch bei dir.
11 Mitmensch bin ich in der Kammer,	23 Andre Nachbarn brauch ich keine.
12 Eremite im Gewühl.	24 Neuzeit, so gefällst du mir.

(Quelle: Peter Hacks: „Ode auf Berlin" aus: ders.: Werke, Band 1 – Die Gedichte © Eulenspiegel Verlag, Berlin)

Worterklärung:

Eremit: Einsiedler; Mulden: Vertiefung, Senke

---

1. **Lies das Gedicht, unterstreiche die unverständlichen Textstellen, und formuliere ggf. eine Frage dahinter. Besprich mit deinem Banknachbarn die mögliche Bedeutung dieser Textstelle.**

2. **Versuche, eine erste Textaussage (als Hypothese) zu dem Gedicht zu formulieren. (Wenn du dabei Schwierigkeiten hast, kann das daran liegen, dass die Sprache an einigen Textstellen so kunstvoll verdichtet ist, dass du den Text näher untersuchen musst, um diesen zu verstehen.)**

3. **Markiere nun alle Aussagen, die man sich bildlich vorstellen kann, und stelle Vermutungen an, was diese im übertragenen Sinne bedeuten könnten.**

4. **Fasse den Inhalt der einzelnen Strophen in jeweils einem Satz zusammen und formuliere nun eine Inhaltsangabe, die alle Strophen zusammenfasst. Verwende dazu einen der folgenden Satzanfänge:** *In dem Gedicht „Ode auf Berlin" von Peter Hacks geht es um … / Das Gedicht „Ode auf Berlin" von Peter Hacks handelt von …*

5. **Unterhaltet euch im Unterrichtsgespräch im Plenum darüber, ob ihr einer Antwort auf die Frage: „Was ist Glück?" durch das Gedicht näher gekommen seid.**

6. **Überprüfe, ob deine Hypothese noch stimmt, und formuliere eine These (Behauptung) zur Textaussage. Beginne beispielsweise wie folgt:** *Das Gedicht verdeutlicht/sagt aus … .*

(25 Minuten Zeit für die Aufgaben 1–3, 15 Minuten für Aufgabe 4, 10 Minuten für Aufgabe 6)

Literarische Texte analysieren und interpretieren

Gedichte interpretieren – Schritt 3: Gedichte analysieren und interpretieren

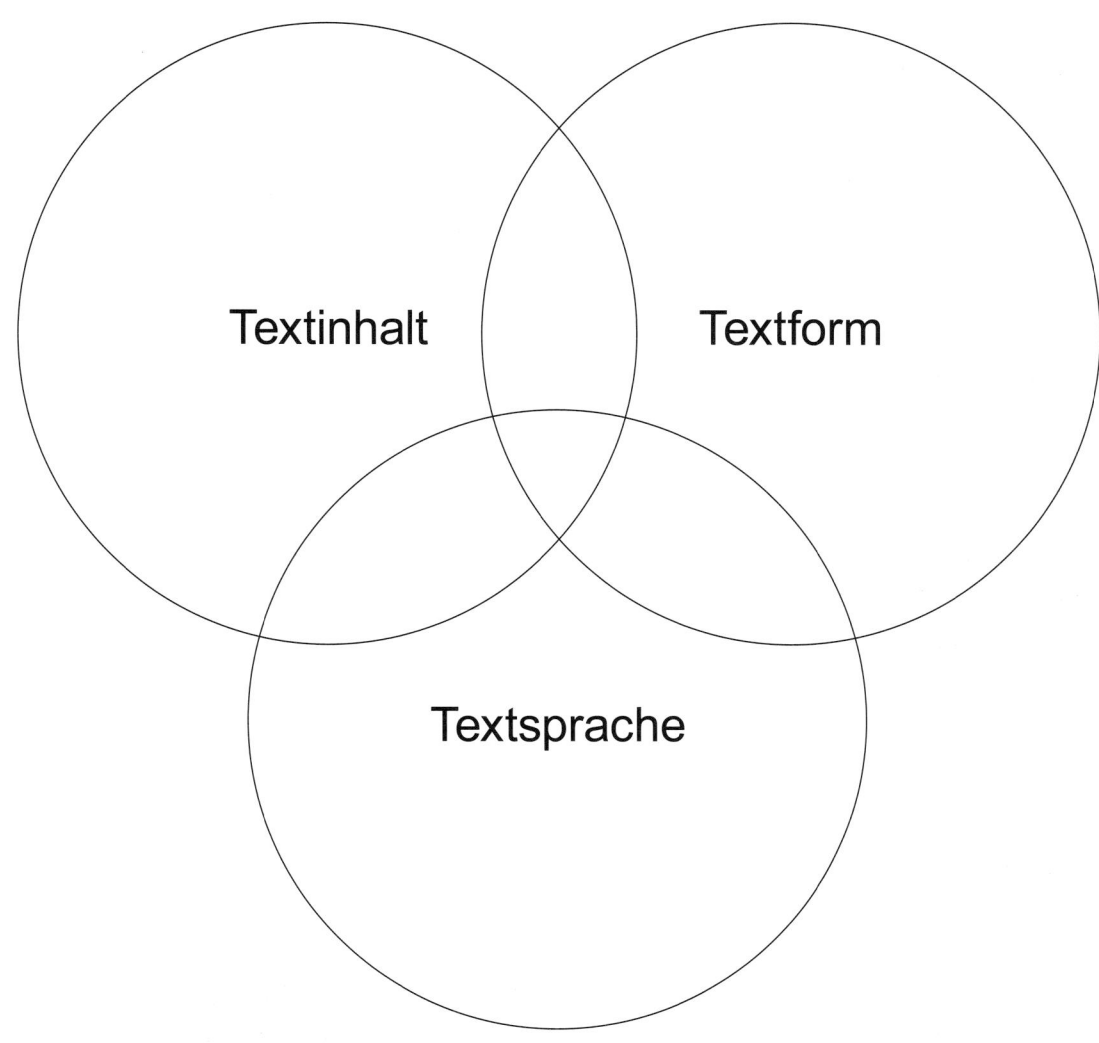

Textinhalt

Textform

Textsprache

Analyse:

Zergliederung eines Ganzen in seine Teile,
genaue Untersuchung der Einzelheiten

Interpretation:

Erklärung, Auslegung, Deutung

1. **Übernimm die Zeichnung und schraffiere (mit Buntstift) jeden Kreis mit einer anderen Grundfarbe. Beschreibe, was mit den Schnittmengen passiert. Versuche, dies auf die Analyse und Interpretation eines Gedichtes zu übertragen.**

2. **Ordnet den drei großen Bereichen der Analyse die euch bekannten Elemente der Gedichtanalyse zu (z.B. Textform: Anzahl der Strophen).**

© Verlag an der Ruhr | Autorin: Cathleen Henschke |
ISBN 978-3-8346-2334-8 | www.verlagruhr.de

Inhalt		RS	Form	Sprache
	Hermann Hesse (1877–1962) **Glück** 1 Solang du nach dem Glücke jagst, 2 Bist du nicht reif zum Glücklichsein, 3 Und wäre alles Liebste dein. 4 Solang du um Verlornes klagst 5 Und Ziele hast und rastlos bist, 6 Weißt du noch nicht, was Friede ist. 7 Erst wenn du jedem Wunsch entsagst, 8 Nicht Ziel mehr noch Begehren kennst, 9 Das Glück nicht mehr mit Namen nennst, 10 Dann reicht dir des Geschehens Flut 11 Nicht mehr ans Herz, und deine Seele ruht. *(Quelle: „Glück", aus: Hermann Hesse, Sämtliche Werke in 20 Bänden. Herausgegeben von Volker Michels. Band 10: Die Gedichte. © Suhrkamp Verlag Frankfurt am Main 2002. Alle Rechte bei und vorbehalten durch Suhrkamp Verlag Berlin.)*				

RS: Reimschema

Gehe die Schritte der Arbeitskarte, und nutze die vorgegebenen Stichworte für Eintragungen. Schreibe bei Platzmangel im Heft weiter.

Hinweis: Auf dem Arbeitsblatt sind die Analysebereiche getrennt. Du solltest aber immer den Zusammenhang von Inhalt, Form und Sprache beachten. Du kannst Stichpunkte dazu z.B. in Klammern notieren.

(45–60 Minuten Zeit)

Was ist Glück? – Auf Entdeckungsreise nach Antworten: Hermann Hesse

Gedichte interpretieren – Schritt 3: Gedichte analysieren und interpretieren

Inhalt

Thema: _____

Sprecher/Situation: _____

Zusammenfassung der Sinneinheiten: _____

Form

Reimschema (neben das Gedicht schreiben): _____

Reinheit des Reims: _____

Rhythmus/Metrum: _____

Kadenzen: _____

Grundstruktur: _____

Sprache

Wortebene: _____

Vers- und Satzebene: _____

Rhetorische Stilmittel: _____

Erster Eindruck: _____

Hypothese: _____

These: _____

Arbeitskarte

Gedichte – Analyseschritte (Textarbeit)

1) Gedicht lesen und ersten Leseeindruck notieren
   (Wirkung/Stimmung/Titelassoziation)
2) Unverständliche Wörter klären (Wörterbuch)
3) Auffälligkeiten (Form/Sprache) markieren
4) Situation des lyrischen Ichs oder Sprechers klären
5) Thema und Motiv formulieren
6) Vermutung (Hypothese) zur Textaussage aufstellen
7) Form- und Sprachmerkmale untersuchen
8) Bedeutung der Form- und Sprachmerkmale für den Inhalt
   (Interpretation/Deutungen) notieren
9) Inhalt, Form, Sprache und Gedicht-Titel in einen Zusammenhang
   bringen
10) Inhalt der Sinnabschnitte des Gedichts in eigenen Worten
    zusammenfassen und ggf. Strophenüberschriften formulieren
11) Hypothese überprüfen

Gedichte – Analyseschritte (Textarbeit)

1) _____
2) _____
3) _____
4) _____
5) _____
6) _____
7) _____
8) _____
9) _____
10) _____
11) _____

Durch die einzelnen Analyseschritte auf der Arbeitskarte kannst du an den poetischen Schatz gelangen, der dir weiteren Aufschluss über Ansichten zum Glück liefert.

Später kannst du auch deine eigene Schrittfolge in der leeren Arbeitskarte notieren und diese ausschneiden.

© Verlag an der Ruhr | Autorin: Cathleen Henschke |
ISBN 978-3-8346-2334-8 | www.verlagruhr.de

Lyrik 34 Schritt für Schritt zur schriftlichen Interpretation

Auswertung der Gedichtanalyse zu Hermann Hesse

Inhalt

- **Thema:** *Glück*
- **Motiv(e):** *Glücklichsein, Seelenruhe*
- **Sprecher/Situation:** *Sprecher belehrt lyrisches Du über Glück*
- **Zusammenfassung der Sinneinheiten:**
  1. + 2. Str.: Friede nicht vorhanden, da Jagd nach dem Glück, Zielorientierung, Rastlosigkeit; 3. + 4. Str.: Friede vorhanden, wenn Wunschentsagung, keine Zielorientierung, kein Begehren, Glücksbenennung und Gefühlsleitung fehlt

Form

- **Reimschema (neben das Gedicht schreiben):**
  *Reimschema: abb acc add ee
  V. 1, 4 und 7 reimen sich;
  Paarreim: V. 2 + 3 der 1. bis 3. Str. + 4. Str. (→ 4. Str. Sonderstellung: Moral)*
- **Reinheit des Reims:** *durchweg rein*
- **Rhythmus/Metrum:** *Jambus (→ wirkt beschwingt, wie der Wunsch, sich in Glück zu wiegen; wird aber unterbrochen durch Kadenz)*
- **Kadenzen:** *durchweg männlich (→ durch Betonung am Versende wird belehrender Aussage Nachdruck verliehen)*
- **Grundstruktur:** *antithetisch: 1./2. Str. vs. 3./4. Str.; s.a. Anaphern; Rahmen bildend wirkt die Wenn-dann-Struktur, die sich durch alle Str. zieht*

Sprache

- **Wortebene:** *Schlüsselwörter: Substantive „Friede" V. 6, „Seele" V. 11; Wortfeld dynamisch: z.B.„jagst" ;V. 1, „rastlos" V. 5; Wortfeld statisch: „entsagst" V. 7, „ruht" V. 11 (→ Wortfelder antithetisch)*
- **Vers- und Satzebene:** *V. 5 – 11 ist grammatisch und 9. V. der 3. Str. wird in V. 10 + 11 fortgeführt (→ gehören inhaltlich zusammen); alle Verse eher Sätze, die in Versform stehen (→ klare inhaltliche Linie, Lehre vermitteln steht im Vordergrund, sprachliche Gestaltung eher nebensächlich); auffällig ist hier die Form des (Konditional-) Satzes (Wenn...dann) vgl. V. 7–11 (→ an das Glücklichsein sind Bedingungen geknüpft)*
- **Rhetorische Stilmittel:** *Anapher: V. 1 + 4 „Solang" (→ Betonung des Verharrens in alten Mustern); „Und" (V. 3 + 5); „Nicht" (V. 8 + 11); Metaphern V. 1 + 10f.*

Erster Eindruck:

belehrend

Hypothese:

Glück bedeutet Seelenfrieden

These:

Glück besteht darin, die Dinge wertfrei hinzunehmen und die Seele ruhen zu lassen.

© Verlag an der Ruhr | Autorin: Cathleen Henschke |
ISBN 978-3-8346-2334-8 | www.verlagruhr.de

Manfred Streubel (1932–1992)

Tempo

Vor Schreiben: schattenhaft:
Ein Schein von Tieren.
Die Sinne – außer Kraft.

Wie reagieren?
Ist da noch eine Wahl?
Noch ein Bewahren?
Ein blutiges Signal!
Schon überfahren.

Nur weiter! Unverweilt!
Geschöpf: im Sprung ereilt
von der Maschine.

Der den Befehl erteilt –
rollt: glücklich eingekeilt:
in der Lawine.

(Quelle: Manfred Streubel: Fazit. Halle, 1983)

*Hans Brinkmann (*1956)*

Rummel

Wir machen den ganzen Rummel mit.
Jeden Tag sind wir hier.
Riesenräder überrollen uns,
auf den Karussells drehen wir durch.
Wie die Schweine und Kleeblätter
haben wir meist kein Glück. Die Schießbuden
laden uns ein, aufeinander zu feuern,
ehe wir in die Bierzelte laufen,
wo unsre Köpfe im Schaum verschwinden.
Lachend stehen die Rittmeister
an den Kassen der Hippodrome.
Paß doch auf, Junge, wo du hintrittst!
Wie du dich wunderst, lassen sie dich
dafür bezahlen. Nichts ist umsonst.

(Quelle: © Hans Brinkmann)

Im Folgenden geht es nicht um die vollständige Analyse zweier Gedichte. Vielmehr sollst du den Blick für das Wesentliche und Bedeutsame gewinnen. Vergleiche deshalb die beiden Gedichte im Hinblick auf Inhalt, Form und Sprache. Notiere dazu nur die Gemeinsamkeiten und Unterschiede, welche besonders auffällig sind. Formuliere ein Fazit aus dem Vergleich mit eigenem Kommentar, indem du auch vergleichend auf den Umgang mit dem Thema Glück eingehst.

(45 Minuten Zeit)

Gemeinsamkeiten

Unterschiede	
Tempo	**Rummel**

Auswertung des Gedichtvergleiches Streubel/Brinkmann

Gedichte interpretieren – Schritt 3: Gedichte analysieren und interpretieren

Gemeinsamkeiten

- Titel suggeriert Schnelligkeit
- Thema: scheinbares Glück, Rastlosigkeit, Schnelligkeit
- Unterton des Gedichts: kritisch
- „überfahren" (Streubel) und „überrollen" (Brinkmann) → etwas bemächtigt sich des Menschen, bei Streubel ist es das Auto, bei Brinkmann sind es „Riesenräder" – beides sind Maschinen

Unterschiede

„Tempo"
- feste Sonettform, klares Reimschema
- dramatische Stimmung
- Interpretation: Schnelligkeit ist eine Gefahr

„Rummel"
- offene Form, nur eine Strophe á 14 Verse, kein Reim vorhanden
- negative Stimmung, nüchterner Sprachstil
- Interpretation: Die Spaßgesellschaft verspricht Glück, das auf dem Rummel aber durch die Reizüberflutung und Menschenansammlung in Aggression endet. Das Vergnügen ist nur scheinbar.

Ein Fazit (Beispiel):

Beide Gedichte befassen sich kritisch mit der Schnelligkeit des menschlichen Tuns. Formal sind beide Gedichte sehr unterschiedlich. Während „Tempo" eine feste Form aufweist, ist „Rummel" offen gestaltet. Auch der Ton in Brinkmanns Gedicht ist sehr nüchtern, sodass die Kritik hier eher deutlich wird als in Streubels Gedicht, das ein vermutlich ironisch gemeintes Ende enthält. In „Rummel" erscheint hingegen die Aussage sehr deutlich. „Nichts ist umsonst" meint hier, dass die Menschen für den Spaß und die Unterhaltung auf dem Rummel die Hektik, Enge, den Lärm und Aggressionen in Kauf nehmen. Meiner Meinung nach treffen beide Gedichte den Kern gegenwärtiger Probleme. Die Suche nach dem Glück führt dazu, dass wir rastlos oder unzufrieden sind. Ich denke, man sollte dem Glück nicht hinterherrennen sondern innehalten, um die schönen Momente des Lebens überhaupt wahrnehmen zu können.

© Verlag an der Ruhr | Autorin: Cathleen Henschke | ISBN 978-3-8346-2334-8 | www.verlagruhr.de

Aufsatzstruktur für die Analyse und Interpretation eines Gedichts

Gedichte interpretieren – Schritt 4: Eine schriftliche Gedichtinterpretation verfassen

Einleitung: Hinführung zur Analyse

Textgattung (mit Erlebnisbereich, z.B. Naturgedicht), Titel, Autor(in), Entstehungszeit, Thema, Motiv(e)

Absatz: sprachlich verknüpfende Überleitung

Haupteil: Gedichtanalyse: Verknüpfung von Inhalt-Form-Sprache

(Textarbeit: Auswahl und Deutung von Textbelegen [Zitate!]; alle Aspekte von Inhalt, Form und Sprache müssen miteinander verknüpft und in einen Begründungszusammenhang gebracht werden [→ Schnittmengen])

erster Eindruck, Auffälligkeiten der Gedichtgestaltung
Vermutung zur Aussage (Deutungshypothese) des Gedichts formulieren
Situation des lyrischen Sprechers/Ichs
Inhaltsangabe (Sinneinheiten zusammenfassen, inhaltliche Struktur deutlich machen)

> **Aspekte der Form- und Sprachanalyse (Analyse entlang der Textstruktur):**
> Für die Lyrik typische Formelemente (Formanalyse + Deutung):
> - **äußere Form:** Strophen- und Versanzahl, Gedichtform (oder s. o.)
> - **innere Form:** Reimschema (z.B. Kreuzreim), Reimform (rein, unrein), Kadenz (männlich, weiblich), Metrum
>
> **Sprachmittel** (Sprachanalyse + Deutung; hier kann das strophenweise Vorgehen sinnvoll sein):
> - **Wortwahl** (Schlüsselwörter, Wortfelder, Wortarten/Grammatik)
> - **Vers- und Satzbau**
> - **Stilmittel** (rhetorische Figuren)

Bestätigung der Vermutung oder Neuformulierung der Gedichtaussage/These
(Stimmt diese noch? Bist du zu anderen Ergebnissen nach der Analyse gelangt?)

Absatz: sprachlich verknüpfende Überleitung

Schluss/Resümee/Wertung: Zusammenführung der Analyseergebnisse

Interpretationsergebnisse werden in Form einer Wertung zusammengefasst (Synthese)/Verdeutlichung der **Aussage** unter Einbeziehung des Kontextes und/oder **Bezugnahme zum Titel** (Passt der Titel zur Gedichtaussage?)

Die **eigene Meinung/Wertung** zum Gedicht (z.B. zur Aussage oder Gestaltung) kann begründet geäußert werden (Kannst du dich mit der Vorstellung von Glück identifizieren? Was ist für dich Glück?)

evtl. **Vergleich zu anderen Gedichten des Themas**

© Verlag an der Ruhr | Autorin: Cathleen Henschke | ISBN 978-3-8346-2334-8 | www.verlagruhr.de

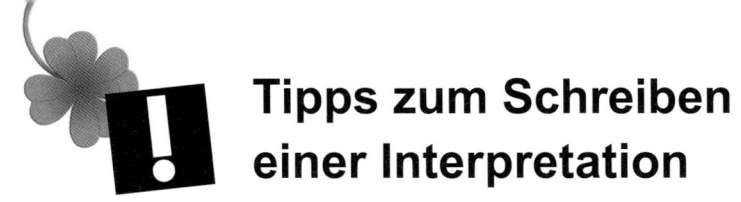

Tipps zum Schreiben einer Interpretation

Gedichte interpretieren – Schritt 4: Eine schriftliche Gedichtinterpretation verfassen

Ziel der Analyse ist die Beweisführung zur Kernaussage. Alle Aussagen und Teilbewertungen werden auf dieses Ziel hin ausgerichtet und müssen am Text begründet sein. Auch aus diesem Grund ist auf eine gelungene Verknüpfung aller Analyseteile (siehe Aufsatzstruktur) zu achten!

Folgende Fragen helfen dir, zu einer Interpretation (Deutung) zu gelangen:

1) Was fällt auf? (Wahrnehmen und Beschreiben)

2) Warum ist das so? (Deuten/Erklären)

3) Woran erkennt man das? (am Text belegen)

So gehst du vor, wenn du ein formales oder sprachliches Mittel erklären willst:

1) Aussage: Du nennst den Fachbegriff für den Fund (z.B. Metapher).

2) Deutung/Begründung: Du erklärst so genau wie möglich, was diese Aussage im Gedicht bedeutet.

3) Belegen/Beispiel: Du nennst die Textstelle (Zitieren).

Durch diese Vorgehensweise entsteht ein Begründungszusammenhang. Du kannst dabei aber nicht alles „auseinandernehmen". Deshalb solltest du dich unbedingt auf die Auffälligkeiten und Besonderheiten der Gedichtgestaltung konzentrieren. Die Aufgabenstellung in der Klassenarbeit kann dir auch wertvolle Hinweise darauf geben, worauf du dich konzentrieren sollst.

Tipps für die eigene Sprachgestaltung:

Tempus:
* Verwende das Präsens; Ausnahme: Einleitung (Der Text wurde verfasst…)

Allgemein:
* Benutze keine unverständlichen Schachtelsätze.
* Verwende keine umgangssprachliche Ausdrucksweise.
* Benenne Fachbegriffe.
* Verwende einen einfachen Satzbau, wenn du Schwierigkeiten hast, dich genau auszudrücken.
* Verwende Verbindungs- und Einleitewörter (z.B. Darüber hinaus …, Aus …geht hervor …, Zudem …, Insofern …, Das bedeutet …)
* Vermeide Wiederholungen.

Vorschlag zur Zeiteinteilung für eine 90-minütige Klassenarbeit

10–15 Minuten: Textarbeit (mit Markierungen und Notizen)

5 Minuten: ggf. Schreibkonzept erstellen

60–65 Minuten: Reinschrift (mit Rand, sauberen Durchstreichungen und ggf. Anmerkungsverzeichnis)

10 Minuten: Textüberarbeitung (mit Wörterbuch)

5 Minuten: Wörter zählen

© Verlag an der Ruhr | Autorin: Cathleen Henschke |
ISBN 978-3-8346-2334-8 | www.verlagruhr.de

Auf die Sätze, fertig, los!

Gedichte interpretieren – Schritt 4: Eine schriftliche Gedichtinterpretation verfassen

Eine vollständige schriftliche Interpretation zu verfassen, gehört zu den schwierigsten Aufgaben im Deutschunterricht. Deshalb kann es hilfreich sein, wenn du dich erst einmal an eine vorgegebene Aufsatzstruktur hältst. Wie du sinnvoll Inhalt, Form und Sprache verknüpfst, zeigt dir die Beispielinterpretation. Dadurch sollst du einen ersten Eindruck von einer schriftlichen Interpretation bekommen.

Beispiel-Interpretation zum Gedicht „Glück" von Hermann Hesse:

Das Gedanken-Gedicht „Glück" wurde im 20. Jahrhundert von Hermann Hesse verfasst. Es ist demnach in der Zeit der Moderne entstanden. In diesem Gedicht geht es um das Thema Glück als Seelenfrieden.

*Dieses zunächst belehrend wirkende Gedicht soll den Leser vermutlich darüber aufklären, dass Glück nur durch Seelenfrieden entsteht. Der lyrische Sprecher belehrt das lyrische Du, sodass sich der Leser angesprochen fühlt. Dabei erklärt der Sprecher in den ersten beiden der vier Strophen, dass es Glück nicht geben kann, wenn Friede fehlt, der Mensch nach dem Glück jagt, sich Ziele setzt und rastlos ist. (→ **Weiter mit Inhaltsangabe im Präsens zur 3./4. Strophe, formale und sprachliche Analyse entlang der Gedichtstruktur)** Meine Hypothese zur Gedichtaussage, Glück bedeute Seelenfrieden, bestätigt sich. Der lyrische Sprecher meint, das Glück bestehe darin, die Dinge wertfrei hinzunehmen und die Seele ruhen zu lassen.*

Schließlich zeigen die Interpretationsergebnisse eine unkonventionelle Vorstellung von Glück. Heutzutage sind es die Menschen gewohnt, ihre Bedürfnisse schnell zu befriedigen. Sie würden am liebsten das Glück kaufen, um zu mehr Wohlstand zu gelangen. Ein Beispiel dafür ist das Gedicht „Statistische Glückseligkeit" von von Fallersleben. Hermann Hesse hat mir mit seinem Gedicht eine ganz andere Sichtweise eröffnet, die mich eher an Meditation und Buddhismus erinnert. Ich finde es gut, dass immer mehr Menschen in der westlichen Welt meditieren, um zur Ruhe zu kommen. Im Großen und Ganzen halte ich es aber für schwierig, Seelenruhe in einer so hektischen Welt zu finden. Deshalb stellt Hesses Gedicht für mich eher eine Ermahnung dar. Wer sich glücklich fühlen will, muss sich der Hektik entziehen können.

Der vorliegende Aufsatz ist unfertig und lückenhaft. Schließe die Lücke unter Beachtung der Hinweise in der Klammer. Als Hilfsmittel stehen dir eine Übersicht zur Aufsatzstruktur, zu den Zitiertechniken und Formulierungshilfen/ Satzbausteinen sowie ein Wörterbuch zur Verfügung.

(40 Minuten Zeit)

Lösungsvorschlag zur Interpretation zum Gedicht „Glück" von Hermann Hesse:

Gedichte interpretieren – Schritt 4: Eine schriftliche Gedichtinterpretation verfassen

Das **Gedanken-Gedicht „Glück"** wurde im 20. Jahrhundert von Hermann Hesse verfasst. Es ist demnach in der Zeit der Moderne entstanden. In diesem Gedicht geht es um das Thema Glück als Seelenfrieden.

Dieses zunächst belehrend wirkende Gedicht soll den Leser vermutlich darüber **aufklären**, dass Glück nur durch Seelenfrieden entsteht. Der lyrische Sprecher belehrt das lyrische Du in Satz-, weniger Versform, sodass sich der Leser angesprochen fühlt. Dabei erklärt der Sprecher in den ersten beiden der vier Strophen, dass es Glück nicht geben kann, wenn Friede fehlt, der Mensch nach dem Glück jagt, sich Ziele setzt und rastlos ist. Es folgt in der 3. und 4. Strophe die Lösung. Diese sei der innere Frieden, der nur durch das Aufgeben von Wünschen, Zielen und Begehren zu erreichen ist.

Die **äußere Form** des Gedichtes zeigt eine Sonderstellung der letzten Strophe, welche die Kernaussage enthält. Die ersten drei Strophen bestehen jeweils aus drei Versen, während die letzte Strophe nur zwei Verse hat. Die Sonderstellung der 4. Strophe zeigt sich auch im Reimschema. Die ersten Verse der ersten drei Strophen reimen sich. Alle Strophen haben Paarreime, die ersten drei Strophen im jeweils 2./3. Vers und die 3. Strophe im 1./2. Vers. Die letzte Strophe zeigt, was passiert, wenn die Glücksjagd aufgegeben wird: Die „Seele ruht" (V. 11). Der Seelenfrieden wird zur Voraussetzung für das Glücksempfinden. Eine weitere strukturelle Bedeutung hat die antithetische Struktur der vier Strophen, welche durch die Wenn-dann-Struktur (vgl. V. 7 Anfang versus V. 10 Anfang, Konditionalsatz V. 7-11) zusammengehalten wird. Die Strophen 1 und 2 stehen der 3. und 4. Strophe gegenüber, was sich anhand der sich wiederholenden Anaphern „Und" (V. 3 + 5)/, „Solang" (V. 1 + 4) sowie „Nicht" (V. 8 + 11) zeigt.

Auf der **Sprachebene** setzt sich die Antithetik fort. In den ersten beiden Strophen, in denen Kritik am Tun des lyrischen Dus geäußert wird, stehen die Verben für etwas Dynamisches, für Bewegung (vgl.

„jagst" in V. 1 oder „rastlos" in V. 5). Dem gegenüber steht das Verb „entsagst" (V. 7), das die Ruhe und Bewegungslosigkeit in der 3. Strophe einläutet, und schließlich das Verb „ruht" (V. 11) das den Höhepunkt der Entschleunigung darstellt. „[ruhende] Seele" (V. 11) und „Friede" (V. 6) sind hierbei die Zustände, welche der Sprecher mit Glück verbindet. Die Metaphorik in diesem Gedicht verdeutlicht diesen Bewegungskontrast. Die Metapher „nach dem Glücke jagst" (V. 1) zeigt die Hauptkritik des lyrischen Sprechers. Er meint damit, dass die Menschen nach dem Glück streben, als wäre dies ein zu erlegendes Wild. Die Metapher „reicht dir des Geschehens Flut/ Nicht mehr ans Herz" (V. 10f.) zeigt demgegenüber eine Bedingung für die Seelenruhe. Diese Bedingung besteht darin, dass durch das Geschehen auch keine Gefühle mehr entstehen. Seelenruhe heißt also auch Ruhe des Herzens. Die Moral steht für den lyrischen Sprecher im Vordergrund, weshalb die Verse eher Sätzen gleichen. Die Form des Konditionalsatzes (vgl. V. 7-11) verstärkt diese Tatsache.

Meine Hypothese zur **Gedichtaussage**, Glück bedeute Seelenfrieden, bestätigt sich. Der lyrische Sprecher meint, das Glück bestehe darin, die Dinge wertfrei hinzunehmen und die Seele ruhen zu lassen.

Schließlich zeigen die **Interpretationsergebnisse** eine unkonventionelle Vorstellung von Glück. Heutzutage sind es die Menschen gewohnt, ihre Bedürfnisse schnell zu befriedigen. Sie würden am liebsten das Glück kaufen, um zu mehr Wohlstand zu gelangen. Ein Beispiel dafür ist das Gedicht „Statistische Glückseligkeit" von von Fallersleben. Hermann Hesse hat mir mit seinem Gedicht eine ganz andere Sichtweise eröffnet, die mich eher an Meditation und Buddhismus erinnert. Ich finde es gut, dass immer mehr Menschen in der westlichen Welt meditieren, um zur Ruhe zu kommen. Im Großen und Ganzen halte ich es aber für schwierig, Seelenruhe in einer so hektischen Welt zu finden. Deshalb stellt Hesses Gedicht für mich eher eine Ermahnung dar. Wer sich glücklich fühlen will, muss sich der Hektik entziehen können

Einen Aufsatz überarbeiten: Schreibkonferenz der Experten

1. Setzt euch in Gruppen zu je fünf Personen zusammen. Am sinnvollsten ist es, wenn ein Gruppenmitglied, das noch unsicher beim Verfassen einer schriftlichen Interpretation ist, seinen Aufsatz für die folgende Aufgabe zur Verfügung stellt. Dadurch erhält dieser Schüler Hilfe, die er in diesem Umfang sonst nicht bekommt. Alternativ könnt ihr den Aufsatz auch auslosen, wenn ihr euch z.B. noch nicht so gut kennt oder sich alle unsicher sind. Der Verfasser gibt dem Lehrer den Text zum Kopieren, damit jedes Gruppenmitglied einen Text zur Bearbeitung zur Verfügung hat. Die anderen vier wählen sich in dieser Zeit einen Aufsatzbereich aus (Inhalt, Form oder Sprache), je nachdem, in welchem der drei Bereiche die eigenen Stärken liegen. Experten sind gefragt! Diskutiert ggf. die Arbeitsaufteilung.

(10 Minuten Zeit)

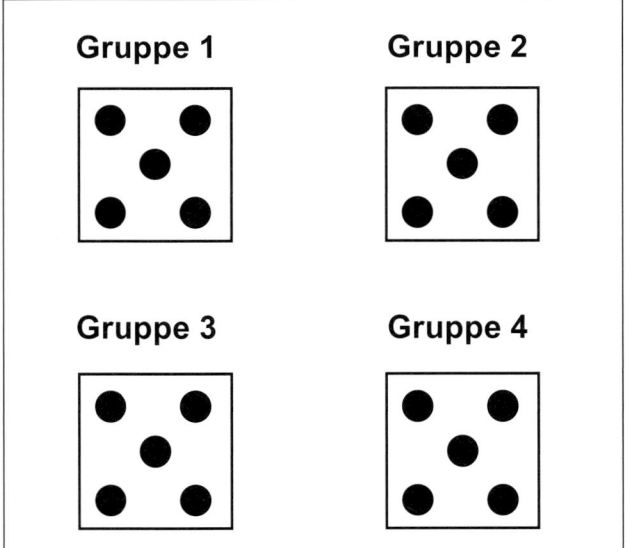

2. Führt anschließend die Konferenz wie folgt durch:

   a) Der Verfasser des Aufsatzes liest den Text langsam, aber nicht zu laut vor. Die Experten äußern sich spontan dazu bzw. stellen Nachfragen.

   b) Jeder Experte liest den Text mit Blick auf die zu beantwortenden Konferenzfragen und korrigiert am Text bzw. formuliert Fragen dazu.

   c) Der Verfasser setzt sich mit den anderen Autoren zusammen und tauscht sich mit diesen über die Probleme beim Schreiben einer Interpretation aus. Zusammen erstellen sie ein Flip-Chart/Plakat, auf dem diese Problemfelder visualisiert werden. Im Anschluss sollte eine Besprechung möglicher Lösungen/Hilfen erfolgen, die auf einem zweiten Flip-Chart/Plakat gegenübergestellt werden.

   d) Die Experten füllen ihr Konferenzfragekärtchen aus, das dem Autor des Aufsatzes anschließend zur Überarbeitung dienen soll.

   e) Tretet in der Gruppe zusammen. Der Verfasser erhält nun eine zusammenfassende Rückmeldung der Experten und zusätzlich die Karten.

   f) Der Autor überarbeitet zu Hause seinen Text und legt ihn dem Lehrer zur Endkontrolle bis zur nächsten Stunde vor.

   *(20 Minuten Zeit für Aufgabe a–c,
   10 Minuten Zeit für Aufgabe d)*

3. In der Anschlussstunde stellt die Autorengruppe ihre Ergebnisse vor. Sie berichtet darüber, wie sehr ihnen die Expertenmeinungen beim Überarbeiten geholfen haben. Die Experten stellen dar, welche Gedanken sie bei der Korrektur des Textes hatten.

Schreibkonferenz der Experten: Gruppenaufträge 1 + 2

Konferenzfragen	Antwort	Bemerkungen
Experte 1: Inhalt		
Sind alle besprochenen Analyse-ergebnisse, die für das Textver-ständnis wichtig sind, enthalten?		
Wurden die einzelnen Analyse-elemente nachvollziehbar er-schlossen?		
Ist die Deutung (Interpretation) der einzelnen Textelemente überzeugend?		
Durchzieht ein roter Faden den Aufsatz?		

Konferenzfragen	Antwort	Bemerkungen
Experte 2: Form		
Besteht der Aufsatz aus den Teilen Einleitung, Hauptteil und Schluss, die deutlich erkennbar sind?		
Ist die Struktur des Aufsatzes klar, und sind die einzelnen Aufsatzteile in angemessenem Umfang proportioniert?		
Ist die äußere Gestaltung der Arbeit ansprechend? (lesbares Schriftbild, saubere Korrekturen, übersichtliche Gestaltung durch Absätze zwischen den Aufsatz-teilen)		

Schreibkonferenz der Experten:
Gruppenaufträge 3 + 4

Gedichte interpretieren – Schritt 5: Eine schriftliche Gedichtinterpretation überarbeiten

Konferenzfragen	Antwort	Bemerkungen
Experte 3: Sprache		
Ist der Ausdruck klar und treffend?		
Variieren die Wortwahl (Lexik) und Satzanfänge?		
Bauen die Sätze aufeinander auf, bzw. sind diese miteinander verknüpft?		
Wurde die methodische Abfolge von Nennen, Deuten und Belegen beachtet? (Logik)		

Konferenzfragen	Antwort	Bemerkungen
Experte 4: Sprache		
Ist die sprachliche Darstellung entsprechend der Vorgaben umgesetzt? (Tempus, siehe allgemeine Hinweise zur Aufsatzstruktur)		
Wurden die Aussagen durch funktionale Zitate, also die Interpretation stützende Belege, begründet?		
Ist die Zitiertechnik (direkt/indirekt; gekürzt/ungekürzt) sinnvoll gewählt und korrekt ausgeführt?		
Sind die Fachtermini sinnvoll und korrekt eingesetzt?		

© Verlag an der Ruhr | Autorin: Cathleen Henschke |
ISBN 978-3-8346-2334-8 | www.verlagruhr.de

Formulierungshilfen für den Aufsatz: Satzbausteine

Einleitung:

Das (… -)Gedicht „ … " wurde … von … verfasst.
Es ist in der Zeit des/der … entstanden und thematisiert …

Hauptteil:

Titel:

Mit dem Gedichttitel lässt sich… assoziieren.

Inhalt/Motiv/Botschaft:

In diesem Text geht es um …/ Dieses Gedicht handelt von …
Das Gedicht besteht aus … Strophen à … Versen.
In den ersten beiden Strophen wird … thematisiert, während in den … Strophen ein neuer Aspekt, … , angesprochen wird.
Die zentrale Botschaft/Aussage des Gedichtes/Textes/Intention des Autors ist …
Die zweite Strophe spricht einen neuen thematischen Aspekt an …
Im Mittelpunkt des Textes steht …
Der Sprecher/das **lyrische Ich:**
… erscheint/tritt in der ersten Person …
… ist vom Autor nicht als eigene Figur gestaltet
… drückt seine Befindlichkeit aus, als …

Gedichtaufbau:

Das Gedicht lässt sich in … Sinn-/ Kompositionseinheiten einteilen/gliedern …
… weist der Text einen antithetischen Aufbau auf, der sich in … zeigt.
… zeigt der Text eine Rahmenstruktur …
Der Text ist untergliedert in …
Das Gedicht besteht aus/gliedert sich in … Strophen/Versgruppen.

Reim:

Der Reim verbindet den Bereich des … mit dem …
Die Verse folgen dem Reimschema …

Gedichtform:

Das Gedicht zeigt die Formmerkmale eines (Sonetts/Volksliedes …) oder: weist … auf.

Analyse:

Der zweite Vers konfrontiert den Leser mit…
In dem zu analysierenden/untersuchenden Gedicht…

Wortwahl:

Besonders auffällig sind die zahlreichen Verben, die den inneren Zustand des lyrischen Ichs beschreiben. Sie unterstützen…
Die **Metapher** enthält eine Anspielung auf…
… er bringt seine Gefühle in … zum Ausdruck.
… richtet sein Augenmerk auf…
… zwingt den Leser zu der Schlussfolgerung…

Schluss:

Abschließend …/ Schließlich …/
Zusammenfassend …
Im Großen und Ganzen …
Schlussfolgernd …
Das Gedicht erinnert mich an …
Im Vergleich zu dem Gedicht …

Formulierungshilfen für den Aufsatz: Satzverknüpfungen

Formulierungshilfen

Formulierungen, um zu einem neuen Gedanken überzuleiten:

Des Weiteren …

Darüber hinaus …

Im Folgenden …

Zudem …

Formulierungen, um eine Ableitung aus dem Text zu erläutern:

Dadurch wird (…) deutlich/klar (, dass …)

Daraus lässt sich (…) ableiten (, dass …)

Daraus geht (…) hervor (, dass …)

Daran wird (…) deutlich (, dass …)

Formulierungen, die eine Begründung anzeigen:

Aus diesem Grund …

Aufgrunddessen …

Formulierungen, die eine Schlussfolgerung angeben:

Infolgedessen …

Folglich …

Somit …

Demzufolge …

Insofern …

Deshalb …

Das deutet/weist darauf hin, dass …

Das veranschaulicht/zeigt/heißt …

Formulierungen, die eine Abwägung anzeigen:

Zunächst … Im Anschluss daran …

Einerseits … Andererseits …

… sowohl … als auch … [ohne Komma vor dem „als" in dieser Verbindung]

Formulierungen, die Aussagen aneinanderreihen:

… sowie …

… und …

Tipps zur Verbesserung des Ausdrucks

Den Ausdruck verbessern

1) Überlege dir genau, was du ausdrücken möchtest, da sonst **inhaltliche Fehler** entstehen können! (Falsch: „Die erste Strophe *ist* ein Kreuzreim." Richtig: „Die erste Strophe *enthält* einen Kreuzreim.")

2) Vermeide **Wiederholungen**! (Falsch: „Das lyrische Ich beschreibt …, *Das lyrische Ich* sagt …" Richtig: Ersatz des lyrischen Ichs durch Personalpronomen: *„Es* sagt …")

3) Vermeide **Schachtelsätze**! (Falsch: „In dem Gedicht, das der Autor Hermann Hesse, der von 1877 bis 1967 lebte, geschrieben hat, geht es um…" Richtig: „In dem Gedicht des Autors Hermann Hesse [1877–1967] geht es um…")

4) Vermeide **umgangssprachliche Formulierungen**! Im Wörterbuch steht meist, ob es sich um eine umgangssprachliche [ugs.] Formulierung handelt. (Falsch: *„selber".* Richtig: *„selbst")*

5) Lerne bestimmte **Formulierungen**, wie z.B. Satzverknüpfungen, auswendig, um grammatische Fehler (v.a. bei Präpositionen) zu vermeiden und um im Ausdruck variieren zu können! (Falsch: „Das Gedicht *handelt um".* Richtig: „Das Gedicht *handelt von* …,")

6) Übe die **Einbindung von Zitaten in den Satz**! (Falsch: „Auch in dem dritten Vers wird die Liebe deutlich *„ich leckte dir die Hand und Haut und Haare" (V. 3)*, damit wird die körperliche Beziehung angesprochen.". Richtig: „In dem dritten Vers wird die körperliche Liebe (*„leckte dir die Hand und Haut und Haar")* angesprochen.")

7) **Kennzeichne zitierte Textstellen**! (Falsch: *„Haut und Haare* stehen für die körperliche Beziehung zwischen lyrischem Ich und Du." Richtig: *„Haut und Haar"* in Vers 3 stehen für …")

8) Setze zwischen der Einleitung, dem Hauptteil und Schluss des Aufsatzes einen **Absatz** (neue Zeile oder eine Zeile freilassen)!

9) Überprüfe beim Korrekturlesen, ob deine **Sätze vollständig** (und grammatikalisch korrekt) sind! (Falsch: „Das Gedicht ist im Präteritum geschrieben, was auf eine Erinnerung des lyrischen Ichs." Richtig: „Das Gedicht ist im Präteritum geschrieben, was auf eine Erinnerung des lyrischen Ichs *hinweist*.")

10) Variiere im **Satzbau**! (Falsch: „In der 1. Strophe … *In der 2. Strophe … In der 3. Strophe".* Richtig: „In der 1. Strophe … *Hingegen* wird in den darauffolgenden Strophen …")

11) Lerne **Fachbegriffe auswendig**, da sich sonst Fehler einschleichen! (Falsch: *„Enjabement".* Richtig: *„Enjambement")*

12) Benutze die für die **Textart** (hier: Gedicht) typischen Fachbegriffe! (Falsch: *„Erzähler"* [Ausnahme: Ballade]. Richtig: *„lyrischer Sprecher", „lyrisches Ich")*

13) Benutze den **Verbal- statt Nominalstil**! (Falsch: „Die *Metaphorisierung* der Natur zeigt die *Leidenschaftlichkeit* der Geliebten." Richtig: „Die Natur *wird bildlich dargestellt*, wodurch die Liebe zwischen den Geliebten *leidenschaftlich wirkt*.")

14) Verzichte auf **Füllwörter**! (Falsch: *„sozusagen").*

15) **Ergänzungen im Fließtext** des Aufsatzes gehören auf ein Extrablatt, nicht in den laufenden Text, und werden im Text und auf dem Extrablatt gekennzeichnet. (Falsch: „Das Gedicht* wurde 1981 verfasst. *[„Mit Haut und Haar"]". Richtig: Das Gedicht* wurde 1981 verfasst. / Extrablatt: *1: *„Mit Haut und Haar")*

16) Setze nur **Werktitel** und **direkte Zitate** in Anführungszeichen, keine Epochennamen! (Falsch: „Es ist ein Gedicht der „Moderne"." Richtig: „Es ist ein Gedicht der Moderne.")

Den Ausdruck verbessern

Fehler-Beispiel aus schriftlichen Interpretationen zum Gedicht „Tempo" von M. Streubel	Tipp-Nr.
In dem Gedicht erscheint das Leben gehetzt. In dem Gedicht ist Schnelligkeit das Thema.	
Die Schlüsselwörter überfahren (V. 8), unverweilt (V. 9), Sprung (V. 10), ereilt (V. 10), rollt (V. 13), Lawine (V. 14) verdeutlichen das Thema Schnelligkeit.	
Die Reimform ist durchgehend rein und wechselt zwischen männlichen und weiblichen Kadenzen.	
Das Gedicht enthält vier Strophen, zwei Quarzette und zwei Terzette, die eine Sonate bilden.	
Mit dem Symbol „blutiges Signal" (V. 7) wollte der Autor das Leben und die Gefahr darin ausdrücken.	
In der letzten Strophe sagt uns der Autor, dass einige Menschen denken, dass das Glück durch Schnelligkeit eintritt.	
Vielleicht hat der Autor selber eine ähnliche Situation erlebt.	
Das Gedicht Tempo ist sozusagen in der Zeit der „Moderne" entstanden.	
In dem Gedicht „Tempo" handelt von dem Getriebensein des Menschen.	
Die Rationalisierung und Modernisierung in einer modernen Welt bringen eine Geschwindigkeitszunahme des Lebens mit sich.	

Unterstreiche jeweils die Fehlerstelle(n) im Beispiel. Fülle die Lücken.

Mehrere Nummern können zutreffen. Notiere anschließend darunter den korrekten Satz.

(25 Minuten Zeit)

© Verlag an der Ruhr | Autorin: Cathleen Henschke |
ISBN 978-3-8346-2334-8 | www.verlagruhr.de

Auswertung der Übung zur Verbesserung des Ausdrucks I

Fehler-Beispiel aus schriftlichen Interpretationen zum Gedicht „Tempo" von M. Streubel	Tipp-Nr.
In dem Gedicht erscheint das Leben gehetzt. *In dem Gedicht* ist Schnelligkeit das Thema.	2, 10
Das Leben erscheint in dem Gedicht „Tempo" gehetzt. Schnelligkeit ist das Thema.	
Die Schlüsselwörter *überfahren* (V. 8), *unverweilt* (V. 9), *Sprung* (V. 10), *ereilt* (V. 10), *rollt* (V. 13), *Lawine* (V. 14) verdeutlichen das Thema Schnelligkeit.	7
Die Schlüsselwörter „überfahren" (V. 8), „unverweilt" (V. 9), „Sprung" (V. 10), „ereilt" (V. 10), „rollt" (V. 13), „Lawine" (V. 14) verdeutlichen das Thema Schnelligkeit.	
Die *Reimform* ist durchgehend rein *und wechselt zwischen männlichen und weiblichen Kadenzen.*	1
Die Reimform ist durchgehend rein, und die Kadenzen wechseln.	
Das Gedicht enthält vier Strophen, *zwei Quarzette* und zwei Terzette, die *eine Sonate* bilden.	11
Das Gedicht enthält vier Strophen, zwei Quartette und zwei Terzette, die ein Sonett bilden.	
Mit dem Symbol „blutiges Signal" (V. 7) wollte *der Autor das Leben und die Gefahr darin ausdrücken.*	17, 1
Das „blutiges Signal" (V. 7) enthält zwei Deutungsebenen. Das Blut steht für Leben und das Signal ist ein Alarmzeichen. Das „blutige […] Signal" (ebd.) verdeutlicht demnach, dass das Leben in Gefahr ist.	
In der letzten Strophe sagt uns *der Autor,* dass einige Menschen denken, dass das Glück durch Schnelligkeit eintritt.	12
In der letzten Strophe verdeutlicht der lyrische Sprecher, dass einige Menschen denken, das Lebensglück erreiche man durch überhöhte Geschwindigkeit.	
Vielleicht hat der Autor *selber* eine ähnliche Situation erlebt.	4
Vielleicht hat der Autor selbst eine ähnliche Situation erlebt.	
Das Gedicht *Tempo* ist *sozusagen* in der Zeit der „Moderne" entstanden.	14, 16
Das Gedicht „Tempo" ist in der Zeit der Moderne entstanden.	
In dem Gedicht „Tempo" *handelt von dem* Getriebensein des Menschen.	5
In dem Gedicht „Tempo" geht es um das Getriebensein des Menschen.	
Die *Rationalisierung* und *Modernisierung* in einer *modernen* Welt bringen eine *Geschwindigkeitszunahme des Lebens* mit sich.	2, 13
Die Rationalisierung in der modernen Welt führt zu einem beschleunigten Leben.	

© Verlag an der Ruhr | Autorin: Cathleen Henschke | ISBN 978-3-8346-2334-8 | www.verlagruhr.de

Übung zur Verbesserung des Ausdrucks II

Kurt Tucholsky:

Danach (1890–1935)

1 Es wird nach einem happy end
2 im Film jewöhnlich abjeblendt.
3 Man sieht bloß noch in ihre Lippen
4 den Helden seinen Schnurrbart stippen –
5 da hat sie nu den Schentelmen.
6 Na, un denn – ?

7 Denn jehn die beeden brav ins Bett.
8 Na ja … diß is ja auch janz nett.
9 A manchmal möcht man doch jern wissen:
10 Wat tun se, wenn se sich nich kissn?
11 Die könn ja doch nich imma penn …!
12 Na, un denn – ?

13 Denn säuselt im Kamin der Wind.
14 Denn kricht det junge Paar'n Kind.
15 Denn kocht sie Milch. Die Milch looft üba.
16 Denn macht er Krach. Denn weent sie drüba.
17 Denn wolln sich beede jänzlich trenn …
18 Na, un denn – ?

19 Denn is det Kind nich uffn Damm.
20 Denn bleihm die beeden doch zesamm.
21 Denn quäln se sich noch manche Jahre.
22 Er will noch wat mit blonde Haare:
23 vorn doof und hinten minorenn …
24 Na, un denn – ?

25 Denn sind se alt.
26 Der Sohn haut ab.
27 Der Olle macht nu ooch bald schlapp.
28 Vajessen Kuß und Schnurrbartzeit –
29 Ach, Menschenskind, wie liecht det weit!
30 Wie der noch scharf uff Muttern war,
31 det is schon beinah nich mehr wahr!
32 Der olle Mann denkt so zurück:
33 wat hat er nu von seinen Jlück?
34 Die Ehe war zum jrößten Teile
35 vabrühte Milch un Langeweile.
36 Und darum wird beim happy end
37 im Film jewöhnlich abjeblendt.

(Quelle: Kurt Tucholsky: Danach. In: Die Weltbühne, 1930)

Im Gedicht wird kräftig berlinert und Umgangssprache verwendet. Schreibt zu zweit das Gedicht in die Hochsprache um, und erklärt, was sich dadurch in der Wirkung des Gedichtes verändert. Hinweise zum Erkennen der Sprachebenen findest du in der Tabelle.

(35 Minuten Zeit)

Hochsprache	Umgangssprache (ugs.)	Dialekt
• Norm- und Standardsprache • überregional gültig • Verwendung: formelle Sprachsituationen	• Stilschicht zwischen Standardsprache und Dialekt • weist keine extreme Dialektfärbung auf • Verwendung: eher private und informelle Sprachsituationen	• Umgangssprache mit regionaler Färbung • verbreitet in einer bestimmten Region (z.B. Sächsisch in Sachsen) • Verwendung: eher private und informelle Sprachsituationen
Ich gehe schlafen.	Ich gehe pennen./Ich muss erst mal pennen.	Ick penn jetze./Ick penn jetz ne Runde.

(Informationen nach: Bußmann, Hadumod : Lexikon der Sprachwissenschaft. Kröner Verlag, Stuttgart, 1990)

© Verlag an der Ruhr | Autorin: Cathleen Henschke | ISBN 978-3-8346-2334-8 | www.verlagruhr.de

Überblick zu den Zitiertechniken

Zitieren

indirektes Zitieren

- Das bedeutet, mit eigenen Worten eine Aussage wiederzugeben (Umschreibung), z.B.: Der lyrische Sprecher sagt, dass …
- Verwendung der indirekten Rede (Konjunktiv), z.B.: Das lyrische Ich teilt dem lyrischen Du mit, es sei verliebt. (vgl. V. …)
- Setze in jedem Fall Verweise in Klammern hinter die eigene Aussage: … (vgl. V. …).

direktes Zitieren

- Das bedeutet die wortwörtliche Wiedergabe aus dem zu untersuchenden Text.
- Verwendung der direkten Rede.
- Setze das Zitat in Anführungszeichen: „ … " (V. …).

direkte Zitate in den Text einbinden

Zitat ankündigen

- Doppelpunkt = Ankündigungszeichen, z.B.: In dem folgenden Zitat wird die Verherrlichung der Natur deutlich: „ … "

Zitat in den Satz einbinden

- Das Zitat wird in die eigene Formulierung eingebunden, z.B.: Das lyrische Ich schwärmt von der „herrlich[en]" (V. 1) Natur und deutet damit den Einklang seiner Gefühle mit dem Naturerlebnis an.
- Um die Grammatik des Satzes aufrechtzuerhalten, muss das Zitat verändert werden. Jede Veränderung muss mit eckigen Klammern gekennzeichnet werden!

Auslassungen und Wiederholungen:

- Wiederholung der gleichen Versangabe wird durch (ebd.) gekennzeichnet
- Auslassungen im Zitat werden durch eckige Klammern gekennzeichnet: […]

Vers- und Strophenenden:

- Endet ein Vers im Zitat, wird das durch einen Schrägstrich (/) gekennzeichnet.
- Endet eine Strophe im Zitat, werden zwei Schrägstriche (//) nacheinander gesetzt.

Worauf es ankommt beim Zitieren:

- Korrekte Anwendung der Technik
- Sinnvolles Belegen mit Zitaten

*Hans Brinkmann (*1956)*

Rummel

1	Wir machen den ganzen Rummel mit.
2	Jeden Tag sind wir hier.
3	Riesenräder überrollen uns,
4	auf den Karussells drehen wir durch.
5	Wie die Schweine und Kleeblätter
6	haben wir meist kein Glück. Die Schießbuden
7	laden uns ein, aufeinander zu feuern,
8	ehe wir in die Bierzelte laufen,
9	wo unsre Köpfe im Schaum verschwinden.
10	Lachend stehen die Rittmeister
11	an den Kassen der Hippodrome.
12	Paß doch auf, Junge, wo du hintrittst!
13	Wie du dich wunderst, lassen sie dich
14	dafür bezahlen. Nichts ist umsonst.

(Quelle: © Hans Brinkmann)

Worterklärung:

Rittmeister = Meister des Pferderennens

Hippodrome = Pferderennbahnen oder:

Bahnen der Nilpferde

1. **Du willst verdeutlichen, dass mehrere Enjambements in dem Gedicht vorzufinden sind. Dabei hat es keinen Sinn, die Textstellen vollständig wortwörtlich wiederzugeben. Ein Vergleich, also ein *indirektes Zitat*, ist sinnvoll. Formuliere den Text mit entsprechendem Vergleich zu der Textstelle.**

_____

_____

_____

_____

In deinem Aufsatz soll die Metapher (siehe Umrandung) als sprachliche Besonderheit angeführt werden. Hierfür ist es sinnvoll, die betreffende Textstelle *direkt zu zitieren*, damit es nicht zu Verwechslungen kommen kann. Formuliere den Satz mit entsprechender Textstelle in korrekter Zitierweise.

Erkläre **anschließend, was mit dem Bild im übertragenen Sinne gemeint sein könnte. Überlege zuvor, wer/was mit „Rittmeister" (V. 10) und „Hippodrome" (V. 11) gemeint ist. Beziehe dazu das gesamte Gedicht mit ein.**

_____

_____

_____

_____

_____

2. **Binde die Textstelle, welche in Klammern angeführt ist, in indirekter Rede (Konjunktiv) in den Satz ein. *Das Gedicht endet damit, dass der lyrische Sprecher behauptet, („Nichts ist umsonst").***

_____

Aufgabenvorschlag zu einer schriftlichen Gedichtinterpretation

Klassenarbeit Nr.   **Klasse:**

Datum: **Name:**

Unterrichtsthema:	Interpretation von Gedichten zum Thema „Glück"
Aufgabenart:	Erschließen eines lyrischen Textes
Hilfsmittel:	Wörterbuch
Bearbeitungszeit:	90 Minuten

Inhalt		RS	Form	Sprache
	Joachim Ringelnatz (1883 – 1934):			
	Morgenwonne			
	1 Ich bin so knallvergnügt erwacht.			
	2 Ich klatsche meine Hüften.			
	3 Das Wasser lockt. Die Seife lacht.			
	4 Es dürstet mich nach Lüften.			
	5 Ein schmuckes Laken macht einen Knicks			
	6 Und gratuliert mir zum Baden.			
	7 Zwei schwarze Schuhe in blankem Wichs			
	8 Betiteln mich „Euer Gnaden".			
	9 Aus meiner tiefsten Seele zieht			
	10 Mit Nasenflügelbeben			
	11 Ein ungeheurer Appetit			
	12 Nach Frühstück und nach Leben.			
	(Quelle: Ringelnatz: 103 Gedichte. Verlag Ernst Rowohlt, Berlin, 1933)			

Aufgabe:

Interpretiere das vorliegende Gedicht.

Arbeitshinweis: Arbeite zunächst am Text zentrale Aussagen
sowie bedeutende formale und sprachliche Gestaltungsmittel
mit ihrer Bedeutung für die Textaussage heraus, um zu einer
Interpretation zu gelangen. Konzentriere dich bei der Interpretation
aufdie Ausgestaltung des Themas „Glück".
Zähle anschließend die Wörter.

Worterklärung:

Wichs = Putzmittel für Schuhe

Auswertung der Klassenarbeit

Inhalt des Aufsatzes:

Einleitung: Hinführung zur Analyse

Textgattung (mit Erlebnisbereich): Glücksgedicht
Titel: „Morgenwonne"
Autor(in): Joachim Ringelnatz
Entstehungszeit: Anfang 20.Jh.
Thema: Lebenslust, Freude am Morgen, Lebensfreude u.Ä.
Motiv: Glück, aber auch: Lebensfreude

Hauptteil: Gedichtanalyse/Verknüpfung von Inhalt-Form-Sprache

Vermutung zur Aussage: individuell
Situation des lyrischen Sprechers/Ichs:
lyrisches Ich ist fröhlich, in positiver Stimmung
Inhaltsangabe der Sinneinheiten: z.B.
1. Strophe: Vergnügen kommt mit dem Erwachen
2. Strophe: Laken und Schuhe werden zum Leben erweckt
3. Strophe: große Lebenslust entsteht

Formelemente (Formanalyse):
- äußere Form: 3 Strophen mit je 4 Versen
- innere Form: regelmäßiges Kreuzreimschema in reiner Reimform, vorherrschend Jambus, Wechsel männlicher und weiblicher Kadenzen; Bedeutung: Metrum und alternierende Kadenz wirken beschwingt, die positive Stimmung des lyrischen Ichs wird dadurch untermalt

Sprachmittel (Sprachanalyse):
Wortwahl: v.a. bedeutsame Substantive und Adjektive; Schlüsselwörter: Adjektiv „knallvergnügt" (V. 1), Substantive „Nasenflügelbeben" (V. 10), „Appetit" (V. 11) und „Leben" (V. 12), sie zeigen Lebensfreude und Lebenslust auf
- **Vers- und Satzbau:** auffällig ist die parataktische Reihung bis Vers 6, anschließend schwungvolle Enjambements (vgl. 7–8, 9–12), ein schnellerer Lesefluss wird erzeugt, und das Gefühl entsteht, als würde das lyrische Ich nun aus dem Bett hüpfen, weil es sich auf den Tag freut
- **Stilmittel:** auffällig sind die zahlreichen Personifikationen; Dinge werden lebendig, hier auch Verdeutlichung des Lebendigwerdens am Morgen: „Seife lacht" (V. 3) → sogar die Seife ist lebendig und

freut sich, das „Laken macht einen Knicks/und gratuliert [...] zum Baden"
(V. 5–6) → zeigt, dass der Morgen ein hoheitlicher Anlass ist, bekräftigt
durch die Schuhe, welche das lyrische Ich mit hoheitlichem Titel anspre-
chen (vgl. V. 7–8). Auch: Anapher „Ich" in Vers 1 und 2: Das lyrische Ich
als wirklich lebendes Wesen steht mit seiner Freude im Vordergrund, was
bereits in den ersten Versen deutlich gemacht wird.

Formulierung der Aussage bzw. These: z.B.: Mit dem morgendlichen Auf-
stehen entsteht Lebenslust./Das Glück kommt mit dem Erwachen./Sprichwort:
„Morgenstund' hat Gold im Mund."

Schluss/Resümee/Wertung (Zusammenführung der Analyse)

(individuell)

Form des Aufsatzes:

- Einteilung des Aufsatzes in Einleitung, Hauptteil und Schluss
- Setzen von Absätzen zwischen den Aufsatzteilen
- formales Vorhandensein aller Aufsatzteile
- ggf. Punktabzug wegen unleserlicher Schrift bzw. unsauberer Durchstreichungen

Sprache des Aufsatzes:

- Verwendung von Überleitungen zwischen den Aufsatzteilen
- Variation der Satzanfänge
- Begründungszusammenhang zwischen den Sätzen vorhanden
- formal korrekte Zitierweise
- sinnvolle Verwendung unterschiedlicher Zitierweisen
  (direkt und indirekt)
- sinnvolle Einbindung der Zitate (kein Zitieren zur Textverlängerung!)
- Verständlichkeit der Aussagen
- korrekte Verwendung der Fachsprache

Orthografische Richtigkeit (Fehlerquotient)

Medientipps

Literatur

Gertrud Böhrer:
150 Aufsatzübungen.
5. bis 10. Klasse.
Duden Verlag, 2011.
ISBN 978-3-411-73102-2

Hermann Korte (Hrsg.):
Conrady. Das Buch der Gedichte.
Deutsche Lyrik von den Anfängen
bis zur Gegenwart.
Cornelsen Verlag, 2006.
ISBN 978-3-06-060138-7

Rosemarie Elvira Langbein (Hrsg.):
Rund um Lyrik.
Cornelsen Verlag, 2009.
ISBN 978-3-464-61588-1

Martin Leubner; Anja Saupe:
Textverstehen im Literaturunterricht
und Aufgaben.
Schneider Verlag, 2008.
ISBN 978-3-8340-0477-2

Andreas Siekmann (Hrsg.):
Motivgleiche Gedichte
Reclam Verlag, 1998.
ISBN 978-3-15-015038-8

Emil Staiger:
Lyrik und lyrisch.
in: Arbeitstexte für den Unterricht.
Theorie der Lyrik.
Hrsg. von Ludwig Völker,
Reclam Verlag, 1986.
ISBN 978-3-15-009594-8